JN027915

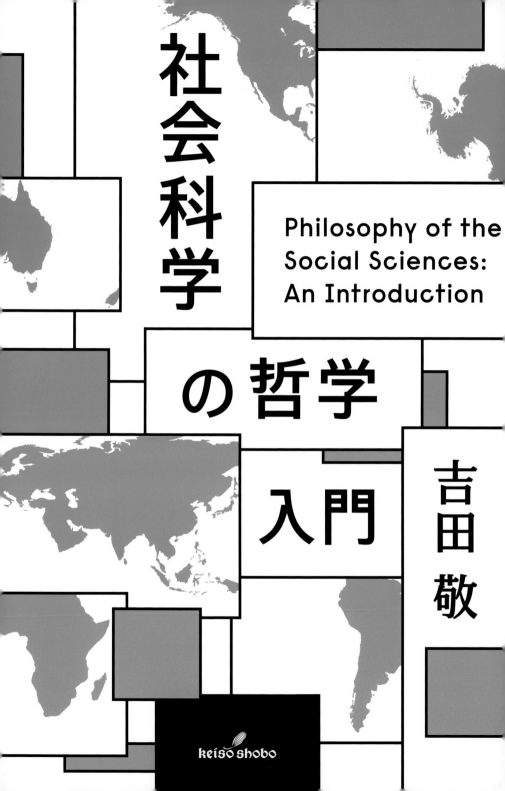

社会科学の哲学入門

Philosophy of the
Social Sciences:
An Introduction

吉田 敬

keiso shobo

社会科学
の 哲 学
入　　門

目　次

序　章
社会科学の哲学を学ぶとはどういうことか

1. 社会科学の哲学とは何か

『社会科学の哲学入門』という題名のこの本を開かれた読者はどのような方だろうか。社会科学の哲学とはどのようなものかを知っている、数少ない専門家だろうか。名前は聞いたことはあるけれど、どんな分野なのか知らなかったので開いてみたという他分野の専門家、あるいは一般の方だろうか。それとも、大学の授業で教科書として指定されていたので、いやいやながらも買わざるをえなかった学部生だろうか。

　筆者が読者として想定しているのは基本的には三番目の学部生である。しかし、読者がどのような方であるにしても、この本の目的は、英語圏を中心として国際的に研究が進められている、社会科学の哲学という分野がどのようなものであり、どのような議論が行われているのかを紹介することである。何が重要な話題なのか、あるいは誰が重要な論者なのかなどについては専門家の間でも意見が分かれる。しかも、筆者の見解は分野の多数派であるわけでもないし、筆者の能力の限界もある。したがって、この本は完全に中立的なものではないし、執筆する上で様々な取捨選択を行わなければならない以上、そもそも完全に中立的な入門書や教科書が存在しうるのかも疑わしい。そのため、読者の方にはくれぐれもこの本の記述を鵜呑みにすることなく、批判的に、つまり徹底的に吟味するつもりで読まれることをお願いしたい。

　社会科学の哲学という用語から想像されるのは、どのような分野だろうか。

筆者が経験した事例で多いのは、社会哲学との同一視である。そうしたとき、筆者は「いえ、そうではなくて」と言いたくなることも多い。しかし、いちいち説明することが面倒になってしまい、そのまま流してしまうこともよくある。もちろん、社会哲学という用語の使い方そのものが人によって異なるのは否定できない。ただ、筆者は英語圏で学んだこともあり、社会哲学を政治哲学のほぼ同義語として理解している。つまり、筆者が考える社会哲学とは社会に関する、かなり規範的な考察を行う分野である。社会科学の哲学においても規範的な議論が行われるので社会哲学と無関係ではないものの、まったく同じものではない。

　筆者が社会科学の哲学によって意味するのは、社会科学を対象とした科学哲学である。科学哲学については、日本語でも入門書や教科書が無数に存在するので、いちいち説明するのも不要ではないかと思われるけれども、科学に関する哲学的な考察を行う分野である。科学哲学における問いには様々なものがある。ここでは科学哲学者の伊勢田哲治（1968-）の整理にしたがって見ていこう。伊勢田によれば、哲学の問題領域は論理学、認識論、形而上学、そして倫理学の四つに分けられる。論理学においては、前提から結論を導き出す推論などが問題となる。二番目の認識論においては、知識とはどのようなものか、あるいは知識を得る方法にはどのようなものがあるのかといった問題が考察される。三番目の形而上学において検討されるのは、事物が存在するとはどういうことなのかなどの問題である。そして、最後の倫理学においては、価値や倫理が問題となる。この四つの分類を科学哲学に当てはめると、科学の論理学においては、観察された事実から一般法則を導き出す帰納的推論は論理的に正当化できるのかといったことが問題となる。科学の認識論において問われるのは、科学的知識とは何なのか、あるいは科学的知識を得る方法にはどのようなものがあるのかなどである。科学の形而上学においては、科学理論において存在すると考えられている電子などの対象は本当に存在するのかなどが検討される。そして、科学の倫理学においては、科学的であることはどのような価値があるのか、あるいは私たちの社会は科学をどのように位置づけるべきなのかなどが

問われている（伊勢田 2003, 2-4）。

　社会科学の哲学はこうした哲学的な問題を特に社会科学に注目して考察する。社会科学の哲学において、長年にわたり論じられてきた固有の問題としては、社会現象はそもそもどのようなものなのか、社会現象を研究するにあたって、社会科学者は個人と社会のどちらに注目すべきなのか、社会科学の目的や方法と自然科学の目的や方法には違いがあるのか、違いがあるとしたら、社会科学の目的や方法はどのようなものか、あるいは社会科学者の価値観と研究はどのように関係しているのかなどが挙げられる（吉田 2008, 3-4）。このような説明に対して、社会科学方法論とは何が違うのかと思う読者もいるかもしれない。その疑問については、二点答えることができるだろう。第一に、方法論的な問題が社会科学の哲学において中心的に論じられてきたことは言うまでもない。しかし、こうした問題は哲学の問題領域で言えば、論理学や認識論に関係しており、社会科学の哲学で扱われる問題は方法論に限られているわけではない。その意味では、科学方法論が科学哲学の一部であるように、社会科学方法論は社会科学の哲学の一部である。第二に、社会科学方法論という用語は近年、哲学的な問題の考察ではなく、統計的手法やインタビューなどの研究手法の解説という意味で用いられているという事情がある。しかし社会科学の哲学においては、実際に用いられている研究手法の解説を必ずしもしているわけではない。個人的には、社会科学方法論という名称の授業を担当していることもあり、その名称に特に抵抗はない。ただ、以上のような理由から社会科学方法論よりは社会科学の哲学の方がこの本の内容を言い表すにはより適切であると思われる。

　さて、科学哲学においては様々な問題が考察されてきた。その際、具体的な事例として考察対象となる科学は、物理学や生物学などの自然科学が中心であることが多い。これは後ほど述べるけれども、物理学が科学の典型例であるとみなされてきた歴史的背景を無視することはできない。しかし、社会科学の哲学は科学の典型例であるとは必ずしもみなされてこなかった社会科学をあえてその研究対象とする。

2. 社会科学の哲学が研究対象とする社会科学とは何か

　ここで、社会科学の哲学がそもそも研究対象とする社会科学とは、何を指しているのかを見ていこう。何を社会科学とみなすのかについても、意見が必ずしも一致しているわけではない。例えば、分野を代表する学術誌『社会科学の哲学』の編集長を創刊以来務めるイアン・ジャーヴィー（1937-）は社会科学として社会学、人類学、政治学、心理学、そして経済学の五つを挙げ、それ以外の境界線上に属するものとして歴史学、地理学、人口統計学、そして言語学を記している（Jarvie [1985] 2004, 2: 723）。また、社会科学のビッグ6として、経済学、心理学、社会学、人類学、歴史学、そして政治学を挙げる研究者たちもいる（Verbeek and McIntyre 2017, 433）。こうした議論や分野のこれまでの状況を踏まえると、社会科学の哲学において主な研究対象として考えられているのは、社会学、人類学、政治学、心理学、経済学、そして歴史学となる。

　このことを不思議に思う読者もいるかもしれない。例えば、日本においては、法学を社会科学と捉えることに違和感を覚える人は少ないはずである。実際、筆者が教える早稲田大学社会科学部においても法学分野は重要な位置を占めている（まったくの余談ではあるけれども、筆者は採用面接時に法学は社会科学に入るのかという趣旨の質問を受けたことがある）。しかし、社会科学の哲学が中心的に論じられてきた西洋においては、法学は社会科学の一つであるとは必ずしも考えられておらず、法学に関する哲学的な考察は法哲学という別分野において行われている。筆者は法学について大した知識を有しているわけではないけれども、法学が社会科学の一つであると考えられていない理由について少し触れておく必要があるだろう。

　その理由として考えられるのは、大学の制度的な背景である。現代の大学制度は中世のヨーロッパにおいて成立したものを基礎にしている。ヨーロッパの大学は12世紀から13世紀にかけて教師と学生の組合として設立された。この組合のことをラテン語でウニヴェルシタスと呼んだ。英語のuniversityの語源

であるのは言うまでもない。ヨーロッパで最古の大学はイタリアのボローニャ大学ではないかと思われるけれども、諸説ありはっきりしない。この当時の大学は四学部で構成されていた。学生はまず、人文学部（学芸学部）において、文法、修辞学、弁証術、算術、幾何学、天文学、そして音楽の七科目を学んだ。これらは自由七科と呼ばれた。近年大学改革との関連でリベラルアーツの重要性がよく論じられるけれども、リベラルアーツとは元々この七科目を指していた。人文学部（学芸学部）において教養課程を修めた学生は、三つの専門学部から一つを選択し、専門家としての教育を受けた。その専門学部とは、神学部、医学部、そして法学部である（古川 [1989] 2018, 71-75; リーゼンフーバー [1991] 2000, 235, 259-261）。つまり、大学制度成立の初期の段階から、法学は一つの専門分野として確立していた。実際、英語圏の大学を見ても、法学を学部の段階で教えている大学だけでなく、学部である程度の単位を習得後、あるいは学部卒業後に大学院で学ぶものとして法学を位置づけている大学が存在する（前者の例としてはオックスフォード大学、ケンブリッジ大学、そしてトロント大学などがあり、後者の例としてはイェール大学、コロンビア大学、そしてハーヴァード大学などがある）。後者は中世ヨーロッパ以来、法学部が専門職を養成する学部として位置づけられてきた歴史的経緯を反映していると思われる。

　大学制度成立当初から制度的に確立していた法学とは異なり、社会科学が大学において制度的に認められたのは19世紀以降のことである。例えば、現代において経済学者として知られているアダム・スミス（1723頃-1790）は元々哲学の教育を受けており、1751年にグラスゴー大学に論理学教授として赴任し、翌年1752年から道徳哲学教授に配置換えとなった。スミスは自然法学も学んでいたので、彼の道徳哲学の講義にはそれも含まれていた。しかし、彼がグラスゴー大学で教えていた論理学や道徳哲学は、中世ヨーロッパの大学の人文学部（学芸学部）にあたる一般コースのクラスであり、法学はそれとは異なる専門コースのクラスとして存在していた。しかも、その当時は社会科学どころか経済学のクラスすら存在しなかったのである（福鎌 [1969] 1984, 255-259; 坂本 2014, 122-123）。

　道徳哲学の同義語として道徳科学、あるいは道徳・政治科学が用いられるようになったのはその後のことである。そして、これらに代わる新しい名称として登場したのが、社会科学である。この用語を使い始めたのは、1790年頃のフランス革命期に日本の高等学校にあたるリセの教育改革に関わっていたニコラ・ド・コンドルセ侯爵（1743-1794）周辺であると言われている。こうしてフランスに登場した社会科学という用語は、興味深い形で英語圏、特にアメリカに定着した。そのきっかけは、フランスの急進的な啓蒙主義者デステュット・ド・トラシー伯爵（1754-1836）が1807年に書き上げた『ルイ・ド・モンテスキューの『法の精神』についてのコメンタリー』の翻訳であった。トラシーは当時フランスを統治していたナポレオン・ボナパルト（1769-1821）から敵視されていたため、フランスでの自著の出版を断念し、自分たちの支援者であった、アメリカ合衆国第三代大統領トーマス・ジェファーソン（1743-1826）に助けを求めた。ジェファーソンは翻訳草稿に目を通すだけでなく、匿名にせざるをえなかったトラシーのために出版社への紹介状まで書いた。この著作において使われたのが、社会科学という用語である（Baker 1964, 211-223; 市野川 2006, 143-145; 隠岐 2018, 50; 吉田 近刊）。

　ここまで法学と社会科学の関係について述べてきたけれども、こうした制度的な背景が示唆するのは、法学が社会科学よりも歴史的に先行しており、両者が必ずしも同一であるとは考えられていなかったことである。

　また、法学以外にも商学（経営学）が挙げられていないことを不思議に思う読者もいるかもしれない。度々自分の勤務先に言及するようで恐縮ではあるものの、商学も法学と同じく早稲田大学社会科学部においては重要な分野であると考えられている。社会科学の一つとして商学（経営学）が挙げられていないことにはいくつかの理由があると思われる。第一に、商学（経営学）が法学と同じように、実社会での専門職養成に関わっていることが挙げられる。そのことは英語圏における商学（経営学）の大学教育がビジネススクールを中心に行われていることからも見て取れる。第二の理由としては、商学（経営学）が学問分野としては比較的新しく、理論的な枠組みを経済学、心理学、そして社会

学に負っていることが考えられる。近年話題となった書物に経営学者の入山章
栄（1972-）による『世界標準の経営理論』がある。この本はおよそ30の標準
的な経営理論を紹介しているけれども、その全てが先ほど挙げた三分野に依拠
するものと考えられている。入山によれば、経営学には独自の理論基盤は存在
せず、三分野の理論を応用している（入山 2019, 13）。入山の見解が正しいとす
れば、経営学の主要な理論は経済学、心理学、そして社会学に由来するものな
ので、独立した分野としては社会科学の哲学の対象になりづらいのかもしれな
い。

　ここまで述べてきたことから分かるように、この本が対象とする社会科学
は、その全てをくまなく論じられるわけではないものの、社会学、人類学、経
済学、心理学、政治学、そして歴史学になる。法学や商学（経営学）に関連す
る論点や研究者にまったく言及しないわけではないけれども、そちらに関する
議論を期待されている読者にはあらかじめその旨お断りしておく。もちろん筆
者としては、それぞれの分野に確固とした境界線を引きたいわけではない。20
世紀を代表する哲学者の一人カール・ポパー（1902-1994）は、かつて次のよ
うに論じた。学問上の区分は歴史的な理由や行政上の利便性、そして私たちの
構築する理論が統一的に体系化される傾向を有することに由来するのであり、
私たちが取り組むべきなのは学問上の区分を超えて存在する問題そのものであ
る、と（ポパー [1963] 1980, 111）。したがって、学問上の区分は便宜的なもの
でしかなく、必要とあれば、様々な分野を参考にしながら検討していくのが筆
者の立場であり、この本の基本方針でもある。

3. 社会科学の哲学をあえて論じるのはなぜか

　学問上の区分が便宜的なものでしかないとしたら、社会科学の哲学をどうし
て論じるのかと思う読者もいるかもしれない。既に科学哲学には理論的蓄積が
あるのだから、それで十分ではないかというわけである。これは先ほど少し言
及した歴史的背景と関係がある。科学哲学において伝統的に研究対象、あるい

は具体例として取り上げられてきたのは、物理学や生物学などの自然科学であり、社会科学が論じられることはほとんどない。これは何を物語っているのか。もちろん、社会科学には取り上げるほどの成果がない可能性もありうる。しかし、それ以上にここには社会科学は科学の名前に値しないというバイアスが潜んでいるのではないかと思われる。それは、自然科学が数式を用いて自然現象の予測や説明に成功してきた歴史的事実と無関係ではない。自然科学が目覚ましい成功を収めているのに対して、社会科学はそれができていないので二流の科学だというわけである。筆者があえて社会科学の哲学を論じる理由は、まさにここにある。哲学は常識を疑う学問であるとよく言われる。そうだとすると、筆者が疑うべき常識は、社会科学は自然科学より科学として劣っているというものである。先ほど触れた歴史的背景からすると、この常識は堅固で疑いようがないかもしれない。しかし、この常識の堅固さと疑いようのなさは、数式を用いて形式的に表現されなければ科学ではないという、自然科学に有利な前提をあらかじめ置いているからではないのか。この前提に基づいて、自然科学と社会科学の優劣を決めているのだとすれば、それは大きな問題である。

　歴史的には、自然についての考察と同じく、社会についての考察もその起源をはるか昔にたどることができ、それぞれに独自の発展をしてきた。この点を考えるにあたっては進化生物学が参考になる。進化生物学においては、人間とチンパンジーは共通の祖先を有していたけれども、長い進化の過程で枝分かれしてきたと考えられている。言語能力などに基づいて、人間はチンパンジーよりも優れていると思う読者もいるかもしれない。しかし、現代の人間もチンパンジーもそれぞれの進化の最先端にいることに違いはない。自然科学と社会科学の関係もそれに似ていると考えれば、社会科学を二流の科学とみなす必要はなくなる。もちろん、自然科学も社会科学も科学である以上、何らかの共通の基盤は必要である。しかし、それが数式の使用でなければならないわけではない。もちろん、数式を用いた形式的な研究が重要であることを否定するつもりはない。筆者が同意できないのは、自然科学で用いられていると考えられている方法を無批判に社会科学に押し付ける態度である。こうした無批判的な態度

を科学主義として厳しく批判したのが、ノーベル経済学賞を受賞したことで知られるフリードリヒ・ハイエク（1899-1992）である（ハイエク [1952] 2011, 11-14）。このような観点から、この本では社会科学も哲学的な考察に値する立派な科学であることを示したいと思う。

4. 社会科学と社会科学の哲学はどのような関係にあるのか

　ここまで読み進めてきた読者の中には、社会科学も立派な科学であるならば、社会科学そのものを研究してみてはどうかと思う人もいるかもしれない。社会科学に関する哲学的考察がどうして必要なのかという疑問である。これは確かにもっともな疑問である。しかし、社会科学と社会科学の哲学は異なる役割を担っており、後者の役割も前者を行う上で重要である。

　筆者は科学と科学哲学の関係について説明する際にマンション建設を好んで使うので、ここでもそれを踏襲したい（吉田 2017）。筆者の考えでは、社会科学をはじめとする科学の仕事がマンションを建てることであるならば、科学哲学の仕事はそこから一歩引いて、マンションの構造に問題がないかを分析したり、より良いマンションの建て方がないかを検討することである。この類比によって言いたいのは、科学の仕事が既存の知識を前進させようとすることなのに対し、科学哲学の仕事の一部はそもそも知識が前進したとどうして言えるのか、あるいはその進め方にそもそも問題はないのかを検討することである。

　このように考えると、科学哲学が科学者からあまり良く思われない理由が理解できる。科学哲学は科学者から自分の研究を進めるのに役に立たないなどと批判されることも少なくない。科学者が科学哲学に求めているのは自分の研究を前進させるための手助けでもあるにもかかわらず、足を止めさせようとしたり、むしろ逆戻りさせようとすれば、反撥を受けるのは当然のことかもしれない。こうした科学者にしてみれば、科学哲学者が行っていることは素人の余計な口出しでしかない。

　しかし、本当にそうだろうか。筆者が授業でしばしば強調するのは、自らが

自分自身を一番理解しているわけではないことである。例えば、筆者は授業を行うにあたってそれなりの時間をかけて準備をし、できる限り質の良い授業を行おうと心がけている。しかし、授業アンケートなどを見る限り、学生の評価は高いとは言えない。筆者はその結果にがっかりすることもある。それでは、筆者と学生のどちらが正しいのだろうか。もし筆者が自分の見解にこだわり、学生はまったく分かっていないなどと言えば、それは筆者の思い上がりでしかない。もちろん、筆者は何をどのように教えるべきなのかという観点から授業を構成している以上、学生の評価が全てであるわけでもない。つまり、どちらの見解にも見るべきものがあり、どちらか一方がまったく間違っているとは言えない。筆者が教員としての観点から自分の授業を評価する一方で、学生は学生としての観点から筆者の授業を評価している。同じようなことが科学者と科学哲学者の関係にも言える。科学者は実際に研究する立場から自分や他人の研究を理解しているのに対し、科学哲学者はそれとは異なる観点から科学的研究を検討している。そうだとすれば、学生からのフィードバックが筆者の授業改善に資することがあるように、科学哲学者の議論が科学者の研究改善に資することもあるのではないだろうか。科学者は研究を進めなければならない以上、後ろを振り返って反省ばかりしてはいられないのは当然のことである。しかし、まったく振り返ることがなければ、杭が地盤にまで届いていないマンションを建設してしまうかもしれない。その意味では、科学哲学者の仕事は杭が地盤に届いているのかを調べ、届いていなければ指摘するようなものである。したがって、科学哲学は科学者の研究に直結しないかもしれないけれども、時々振り返り、検討することが科学者には必要ではないかと思われる。

5. この本が必要なのはなぜか

　ここまで、社会科学の哲学について述べてきたけれども、どうしてこの本が必要なのかと思う読者もいるかもしれない。それは社会科学の哲学が日本において必ずしも認知されておらず、その結果として国際的な議論に参加できてい

ないという状況が大きい。筆者は、かつてはジャーナルアシスタントとして、現在は編者の一人として、学術誌『社会科学の哲学』に関わってきたけれども、日本を含めたアジアからの投稿論文掲載が少ないという状況が続いている。英語での哲学論文執筆が非英語圏の研究者にとって難しいことは言うまでもない。しかし、それだけではなく、社会科学の哲学が日本に十分に紹介されていないことがその一因であると考えられる。

　もちろん、社会科学の哲学が日本にまったく紹介されなかったわけではない。アメリカの科学哲学者リチャード・ラドナー（1921-1979）の入門書『社会科学の哲学』は、原書出版後まもなく翻訳されている（ラドナー [1966] 1968）。また、第4章で紹介する合理性論争については、何人かの研究者が論文を執筆し、文献の翻訳もなされている（小林 1984; 松本 1991; ウィンチ [1970] 1992; ジャービィー [1972] 1992）。ただ残念ながら、社会科学の哲学の普及にはつながらなかった。これは日本においてはそもそも科学哲学者の層が薄く、社会科学の哲学を研究しようという雰囲気が生み出されなかったという事情を反映していると思われる。

　それでは、日本において社会科学に関する哲学的問題がまったく議論されていないのかと言えば、そうではない。社会科学の哲学とは銘打ってはいないものの、日本人による社会科学論や社会科学方法論も存在する（富永 [1984] 1993; 丸山 1985; 山脇 1993; 山脇 1999; 保城 2015; 野村 2017）。こうした著作を網羅し、一つ一つ論評することはできないけれども、これらのほとんどはこの本が紹介する議論や論者を必ずしも押さえていない。その理由としては、刊行からかなりの月日が経過している、ヨーロッパにおける現象学や解釈学の伝統に基づいている、扱われている題材やアプローチが限定的である、あるいは実際の研究手法についての解説が中心であるなどの点が挙げられる。その意味で、社会科学の哲学が十分に紹介されているとは残念ながら言えない。

　こうした状況を踏まえ、この本は社会科学の哲学についてどのような議論がなされてきたのかを紹介していく。筆者の知る限り、この本は日本人によるはじめての社会科学の哲学入門書である。

　日本人研究者が国際的な議論に参加できていないのならば、専門書を書くべきではないかと思う読者もいるかもしれない。確かに、そうした考えもありうる。しかし、分野の発展を長期的な観点から考えた場合、裾野を広げ、より多くの人々に社会科学の哲学に関心を持ってもらうことが重要である。その意味で、この本は単に日本で十分に紹介されていない分野を紹介することにとどまらず、未開墾の土地を開墾し種を蒔くことを目指している。近い将来に多くの花が咲き、実をつけることが筆者の願いである。

6. この本の構成

　哲学は問いから始まるという見解に基づき、この本は六つの問いを検討する形で構成されている。専門家によっても重視するものは異なるかもしれないけれども、この本で論じられる問いは英語で出版されている、社会科学の哲学の入門書においても標準的である。この本は社会科学の哲学のガイドブックであることを意図しており、この本を読み進めれば、読者は社会科学の哲学について大まかな展望を得ることができるはずである。つまり、六つの問いは社会科学の哲学という旅における観光名所である。観光名所以外に興味を惹かれた場所、つまり個々の議論や論者について、さらに知りたい場合には、読書案内で挙げられている文献を読むことをお勧めする。

　この本においては多少図式的ではあるものの、一つの問いに対して異なる立場を対立させ、検討することで、哲学的な問題点を明示することが意図されている。それぞれの立場を検討していく中で、筆者自身の見解を提示する場合もある。それをそのまま受け入れるのではなく、筆者が提示した見解に問題がないかを検討しながら、読み進めてもらいたい。この本で扱われている議論や論者それぞれの細かな立場の違いが気になったときには、次の段階に進むサインだと考えてもらいたい。

　第1章の問いは、「社会科学は社会現象をどのように捉えようとするのか」である。社会科学が社会現象を研究する際に問題となるのが、社会現象を研究

するには個人に注目すれば十分なのか、それとも個人だけでは不十分なので社会全体にも注意を払う必要があるのかということである。前者の立場は方法論的個人主義、後者の立場は方法論的集団主義とそれぞれ呼ばれており、両者の対立は長年議論されてきた。この章では、両者を比較検討し、それらに代わる第三の立場として制度論的個人主義について論じる。

　第2章においては、「社会科学の方法と目的はどのようなものか」という問いを扱う。ここで検討されるのは、社会科学の方法に関する自然主義と解釈主義の論争である。社会現象を研究するにあたって、社会科学も自然科学の方法を用いるべきであるという自然主義に対して、社会科学は自然科学の方法とは異なる方法を必要とすると解釈主義は主張してきた。この章では、両者に不十分な点があることを指摘し、それに代わる立場を検討する。

　第3章で扱われるのは、「社会科学の理論は何のためにあるのか」という問いである。実在論と道具主義の対立がここでの争点である。科学理論は客観的真理を捉えようとするという実在論に対して、科学理論は予測や説明のための便利な道具にすぎないと道具主義は論じてきた。標準的経済学においては合理的経済人という仮定が用いられてきた。その仮定は非現実的であるという批判がなされてきたものの、その仮定の使用は道具主義的に擁護されてきた。この章では、行動経済学や神経経済学という新しい分野がこうした非現実的な仮定の使用についてどのように論じているのかを紹介し、それを実在論と道具主義の対立という観点から考察する。

　第4章で検討されるのは、「社会科学はものの見方の一つにすぎないのか」という問いである。この問いに関連して論じられるのは、普遍主義と文化相対主義の対立である。社会科学は科学である以上、普遍性を志向していると考えられている。ところが、社会科学の起源はヨーロッパにある。そうだとすると、社会科学は自文化中心主義に陥ることなく、どのような形で普遍的でありうるのかが問題となる。この章では、事例を用いながら、自文化中心主義や文化相対主義とは異なる形での普遍的な社会科学の可能性を考察する。

　第5章においては、「社会科学において認識と価値はどのような関係にある

のか」という問いを論じる。そこで扱われるのは、社会科学の客観性の問題である。社会科学者は社会現象を研究しているけれども、人間である以上その研究には何らかの価値観が入り込む可能性がある。それでは、社会科学上の認識と社会科学者の価値観にはどのような関係があるのだろうか。この点については、両者を分けるべきであるとする立場と分けられないという立場が提示され、論争が行われてきた。この章では、両者の議論を紹介し、客観的な社会科学の可能性を検討する。

第6章では、「社会科学と自然科学の関係はどのようなものか」という最後の問いを論じる。この問いを通して考えることになるのは、還元主義と非還元主義の対立である。社会科学を自然科学に還元することは様々な形で試みられてきた。その際に還元先として考えられてきたのは物理学や生物学である。こうした還元主義に対して、社会科学の非還元可能性を擁護する議論が提示されてきた。この章では、両者の比較検討を通して、自然科学に還元されない社会科学の可能性を考察する。

以上がこの本の構成である。この本を読む順番としては、章のつながりを多少考えているので、第1章から読むことをお勧めする。特に、第1章と第2章は学説史的に構成されているので、予備知識のない読者には知識を補う意味でもお勧めしたい。ただ、各章の内容はそれなりに独立しているので、興味のある章から読んでも特に支障はないはずである。読者の中には、授業で使うことを検討している大学教員もいるのではないかと思う。その場合には、各章を二回に分けて授業計画を立てると、分量的にも適切なはずである。

読書案内

本文でも述べた通り、科学哲学に関する入門書や教科書は無数に存在する。日本語で読めるものとしては、オカーシャ（[2002] 2008）『科学哲学』、伊勢田（2003）『疑似科学と科学の哲学』、そして戸田山（2005）『科学哲学の冒険』辺りから読み始めるのが良いのではないかと思われる。筆者自身のように、科学哲学史的なものを好み、英語を苦にしない読者

には、Godfrey-Smith (2003) *Theory and Reality* がお勧めである。この本は科学哲学の入門書において、あまり言及されることのないフェミニスト科学哲学について紹介している点でも評価に値する。社会科学の哲学について、最新の状況を押さえた入門書は残念ながら日本語では存在しない。筆者の知る限り、保城（2015）『歴史から理論を創造する方法』は例外的に科学哲学の議論を踏まえているものの、歴史学と社会科学を統合するという観点に限定された紹介にとどまっている。ただ、この本においては歴史学に関する問題を必ずしも中心的に扱っていないので、保城の著作はそれを補うことができる。英語で書かれた入門書については、筆者自身の好みは Fay (1996) *Contemporary Philosophy of Social Science* である。ただ、流石に古くなってしまったので、最新の文献で補う必要がある。その意味では、McIntyre and Rosenberg (2017) *The Routledge Companion to Philosophy of Social Science* は最近の研究動向を網羅的に、各章10ページ程度で簡潔に紹介しており、有益である。ただ、第1部の歴史的・哲学的文脈ではマックス・ヴェーバーについて章が割かれていないなどの点で多少問題がある。編者の一人アレクサンダー・ローゼンバーグ（1946–）は社会科学の哲学の入門書 Rosenberg ([1988] 2016) *Philosophy of Social Science* を執筆しており、版を重ねている。しかし第6章第4節でも検討するように、ローゼンバーグは社会科学の無効化を主張しているので、個人的には勧めにくい。しかも、各章末に文献案内はあるものの、本文中で出典が示されていないので、本文の議論がどの文献に依拠しているのかが分かりづらいのが難点である。また、近年出版された入門書としては、Risjord (2014) *Philosophy of Social Science* がある。ただ、行為論のように、社会科学の哲学の話題とは必ずしも言えないものも含まれているので、注意が必要である。哲学と社会科学に特化した事典としては、Kaldis (2013) *Encyclopedia of Philosophy and the Social Sciences* がある。社会科学という用語の歴史については、Baker (1964) "The Early History of the Term 'Social Science'" が必読である。この論文は50年以上前に出版されたけれども、その説は筆者の知る限り、現時点でも退けられていない。日本語で読めるものとしては、市野川（2006）『社会』と隠岐（2018）『文系と理系はなぜ分かれたのか』がある。学問上の区分に関する、ポパーの議論については、ポパー（[1963] 1980）「哲学

的諸問題の性格と科学におけるその根源」を参照されたい。ハイエクの
科学主義批判については、ハイエク（［1952］2011）『科学による反革命』
が参考になるだろう。

参考文献

伊勢田哲治（2003）『疑似科学と科学の哲学』、名古屋大学出版会

市野川容孝（2006）『社会』、岩波書店

入山章栄（2019）『世界標準の経営理論』、ダイヤモンド社

ウィンチ、P.（［1970］1992）「コメント」（石川英昭訳）『鹿児島大学法学
　　論集』28 (1): 202-216

オカーシャ、S.（［2002］2008）『科学哲学』、廣瀬覚訳、岩波書店

隠岐さや香（2018）『文系と理系はなぜ分かれたのか』、星海社

小林傳司（1984）「異文化理解と合理性」『科学哲学』17: 61-75

坂本達哉（2014）『社会思想の歴史——マキアヴェリからロールズまで』、
　　名古屋大学出版会

ジャービィー、I. C.（［1972］1992）「社会科学における理解と説明」（石
　　川英昭訳）『鹿児島大学法学論集』28 (1): 165-202

戸田山和久（2005）『科学哲学の冒険——サイエンスの目的と方法をさぐ
　　る』、NHK出版

富永健一（［1984］1993）『現代の社会科学者——現代社会科学における
　　実証主義と理念主義』、講談社

野村康（2017）『社会科学の考え方——認識論、リサーチ・デザイン、手
　　法』、名古屋大学出版会

ハイエク、F. A.（［1952］2011）『科学による反革命』、渡辺幹雄訳、春秋
　　社

福鎌忠恕（［1969］1984）「アダム・スミスとエディンバラ公開講座——
　　ースコットランド道徳哲学者の生誕」、D・スチュアート、『アダム・
　　スミスの生涯と著作』、福鎌忠恕訳、228-277、御茶の水書房

古川安（［1989］2018）『科学の社会史——ルネサンスから20世紀まで』、
　　筑摩書房

保城広至（2015）『歴史から理論を創造する方法──社会科学と歴史学を統合する』、勁草書房

ポパー、K. R.（[1963] 1980）「哲学的諸問題の性格と科学におけるその根源」『推測と反駁──科学的知識の発展』、藤本隆志・石垣壽郎・森博訳、110-153、法政大学出版局

松本洋之（1991）「ウィンチと異文化理解」『科学哲学』24: 31-44

丸山高司（1985）『人間科学の方法論争』、勁草書房

ラドナー、R. S.（[1966] 1968）『社会科学の哲学』、塩原勉訳、培風館

リーゼンフーバー、K.（[1991] 2000）『西洋古代・中世哲学史』、矢玉俊彦訳、平凡社

山脇直司（1993）『包括的社会哲学』、東京大学出版会

山脇直司（1999）『新社会哲学宣言』、創文社

吉田敬（2008）「社会科学の哲学の現状」『日本科学哲学会ニューズレター』40: 3-5、http://pssj.info/NL/data/040.pdf（2021年4月30日閲覧）

吉田敬（2017）「自然科学と社会科学の枠を超えた科学哲学を探究する」『Waseda Online』、11月28日、https://yab.yomiuri.co.jp/adv/wol/research/kyoso_171128.html（2021年4月30日閲覧）

吉田敬（近刊）「社会科学とは何か──社会科学部で学ぶ人のために」『早稲田社会科学総合研究』

Baker, K. M. (1964) "The Early History of the Term 'Social Science.'" *Annals of Science* 20 (3): 211-226.

Fay, B. (1996) *Contemporary Philosophy of Social Science: A Multicultural Approach*. Oxford: Blackwell.

Godfrey-Smith, P. (2003) *Theory and Reality: An Introduction to the Philosophy of Science*. Chicago: University of Chicago Press.

Jarvie, I. C. ([1985] 2004) "Philosophy of the Social Sciences." In *The Social Science Encyclopedia*, edited by A. Kuper and J. Kuper, 3rd ed., vol. 2, 723-729. London: Routledge.

Kaldis, B., ed. (2013) *Encyclopedia of Philosophy and the Social Sciences*. 2 vols. Thousand Oaks, CA: SAGE.

McIntyre, L., and A. Rosenberg, eds. (2017) *The Routledge Companion to*

Philosophy of Social Science. New York: Routledge.

Risjord, M. (2014). *Philosophy of Social Science: A Contemporary Introduction*. New York: Routledge.

Rosenberg, A. ([1988] 2016) *Philosophy of Social Science*. 5th ed. Boulder, CO: Westview Press.

Verbeek, B., and L. McIntyre (2017) "Why Is There No Philosophy of Political Science?" In *The Routledge Companion to Philosophy of Social Science*, edited by L. McIntyre and A. Rosenberg, 433–447. New York: Routledge.

第1章
社会科学は社会現象をどのように捉えようとするのか

1. はじめに

　社会科学の哲学を学んでいくにあたってまず考えたいのは、そもそも社会科学はその研究対象とする社会現象をどのように捉えようとするのかという問題である。次の発言を見てみよう。

　あまりにも多くの子供たちと人々が次のように信じ込まされる時代を経てきたと思います。「私には問題がある。政府の仕事はそれを処理することだ！」、「私には問題がある。出かけていって、それを処理するための補助金をもらおう」、「私はホームレスだ。政府は私に家を提供しなくてはならない」。この人たちは自分の問題を社会に投げつけています。社会とは誰のことでしょうか。そんなものはありません！　それぞれの男性や女性がいて、家族がいるのです。政府は人々を通してしか何もできませんし、人々はまずはじめに自分に注意を向けるのです。自分の面倒をみて、それから隣人の面倒をみる手助けをするのが私たちの義務です。人生とは互恵的な仕組みであり、まず責任を果たさなければ給付金なんてものはないのに、人々は責任を負うこともなしに給付金のことを考えすぎています（Thatcher 1987, 29-30）。

これは、イギリスの元首相マーガレット・サッチャー（1925-2013）の講演

やインタビューなどを公開しているマーガレット・サッチャー財団のウェブサイトに掲載されているインタビューからの抜粋である。このインタビューは1987年9月23日に行われ、その縮約版が1987年10月31日に雑誌『ウーマンズ・オウン』に掲載された。このような発言を目にして、「私たち人間は社会の中で暮らしているのに、社会がないと主張するなんて」と驚く人もいれば、「社会科学は社会現象を科学的に研究しているのだから、そもそも社会が存在しないのなら社会科学もいらないのかな」なんて思う人もいるかもしれない。サッチャーが言うように、本当に社会は存在せず、ただ個人だけが存在するのだろうか。私たちは社会をどのように考えれば良いのだろうか。この章で扱いたいのはサッチャーの発言が示している、個人と社会との関係を社会科学はどう扱おうとしてきたのかということである。

　サッチャーが言ったように、個人の存在だけを認めるという立場を**存在論的個人主義**と呼ぶことにしよう。それに対して、個人だけではなく社会や集団などの集合体の存在も認める立場もありうる。後者の立場を**存在論的集団主義**と呼ぶことにする。

　存在論的個人主義と存在論的集団主義が問うているのは、社会や集団などの集合体が存在するのかについてである。しかし、こうした存在論的な問いと社会現象をどのように説明するのかという方法論的な問いは、必ずしも同じものではない。社会現象をどのように説明するのかという問いについては、次の二つの立場がありうる。第一に、社会現象は個人の観点から説明することができるという立場である。これを**方法論的個人主義**と呼ぶことにしよう。次に、社会現象は個人の観点からだけでは説明できないので、社会全体、あるいは何らかの集合体についても考慮に入れる必要があると考える立場がある。この立場を**方法論的集団主義**と呼ぶことにする。

　このように存在論的な立場と方法論的な立場の違いに注目しているのには理由がある。それは、存在論的個人主義は方法論的個人主義と同一であるかのように、あるいは存在論的集団主義は方法論的集団主義と同じであるかのように、捉える傾向が見受けられるからである。しかし、存在論的個人主義が方法

論的個人主義と同じではないように、存在論的集団主義も方法論的集団主義と同一ではない。言い換えると、方法論的個人主義を支持すると、存在論的個人主義者にならなければならないわけではないし、方法論的集団主義を選ぶと、存在論的集団主義者に必ずなるわけでもない。

　もちろん、存在論的な立場と方法論的な立場を分けたとしても、両者がまったく無関係になるわけではない。あるいは、方法論について語るときには、存在論については触れないことを意味しているわけでもない。この章では後ほど、ある種の全体としての社会制度の存在を認めつつ方法論的には個人主義を採用するという**制度論的個人主義**と呼ばれる立場を検討することになるけれども、その立場がどうして提示されるようになったのかを理解するには方法論的個人主義と方法論的集団主義がそれぞれに抱えている問題を知る必要がある。そのために、まずは方法論的個人主義と方法論的集団主義から見ていくことにしよう。

2. 方法論的個人主義

　方法論的個人主義という用語をはじめて使ったのは、19 世紀オーストリア＝ハンガリー帝国に生まれ、後にアメリカで活躍した経済学者ヨーゼフ・シュンペーター（1883-1950）であると言われている。彼は交流のあった、ドイツの社会学者・経済学者マックス・ヴェーバー（1864-1920）の立場に言及するために方法論的個人主義という用語を導入したとされる（Heath [2005] 2020, §1）。しかし、シュンペーター自身は方法論的個人主義を必ずしも支持しているわけではなく、彼の立場はむしろフランスの社会学者エミール・デュルケーム（1858-1917）などの方法論的集団主義に近いと考えられている（Udehn 2001, 106）。こうした用語使用に関する歴史的経緯はあるものの、方法論的個人主義については、17 世紀イギリスの哲学者トーマス・ホッブズ（1588-1679）、18 世紀イギリスの経済学者アダム・スミス、そして 19 世紀イギリスの哲学者・経済学者ジョン・スチュアート・ミル（1806-1873）たちの見解を検討するこ

とから始められることが多い。ここでも、前例を踏襲して簡潔に紹介すること
にしよう（ルークス [1973] 1981; Udehn 2001）。

2.1 ホッブズの社会契約説

ホッブズは主著『リヴァイアサン』において社会契約説を提唱したことで知
られている。彼は次のように論じた。仮に社会的規則がなく、それを強制する
ような仕組みのない自然状態に私たち人間が生まれたとしよう。人間本性は自
己保存を追求するので、自己を保存するためであれば人間は他人の身体さえも
利用して構わない。さらに人間は身体的にも精神的にも大差なく平等である。
したがって、人間は限られた資源をめぐって、万人の万人による不断の戦争状
態にある。このような戦争状態を避けるために、人間はお互いに傷つけ合わな
いという社会契約を結び、自分の自然権を契約の遵守を強制する権力としての
国家に全面的に譲渡する必要がある。ホッブズによれば、これが国家成立の起
源である（ホッブズ [1651] 1982-92, 第1巻207-259）。

『リヴァイアサン』で示されている自然状態をホッブズは歴史的事実として
捉えていたわけではない（ワトキンス [1965] 1988, 124）。そのことは『リヴァ
イアサン』出版前に執筆された『市民論』の序文において、国家を時計などの
機械と類比しながら論じているところからも見て取れる。そこでは機械の働き
を理解するために機械の分解が必要であるのと同じように、国家の働きを理解
するためにはあたかも分解したかのように国家を考察する必要があるとホッブ
ズは記している（ホッブズ [1642] 2008, 18）。言い換えれば、機械が部品の組み
合わせであるとしたら、国家はその構成要因である個人の組み合わせであるか
のように捉える必要があるとホッブズは考えていた。国家が成立する以前に存
在したのは個々の人間だけであるという仮定にホッブズの議論は基づいてお
り、方法論的な意味でも存在論的な意味でも非常に個人主義的である。しかし
ホッブズの場合には、方法論的個人主義と存在論的個人主義が必ずしも明確に
は分けられてはいないことに注意をしておきたい。社会契約説はその後、理論

上様々な違いはあるにせよ、17世紀イギリスの哲学者ジョン・ロック（1632-1704）や18世紀のジュネーヴに生まれフランスで活躍した哲学者ジャン＝ジャック・ルソー（1712-1778）たちによって引き継がれて、方法論的個人主義の源流の一つとなっており、後で紹介するゲーム理論との親近性も認められている。

2.2 スミスの「見えざる手」

　社会契約説と立場は異なるものの、同じように方法論的個人主義の源流の一つとみなされているのが、スミスやミルをはじめとする古典派経済学に属する人々である。方法論的個人主義を考える上で重要となるのは、スミスのいわゆる「見えざる手」という考えである。この考えは一般には「神の見えざる手」として知られている。しかしこの考えを提示した主著『国富論』において、スミス自身は「神の」とは形容していない。この考えを提示することによって、スミスが何を主張していたのかを考えてみればその理由は理解できるだろう。「見えざる手」によってスミスが主張していたのは、私たちが生産物の価値を最大化するために労働力を振り向けるのはあくまでも自分の利益を考えてのことであるものの、それによって自分が意図していなかった目的の達成を促進することである。スミスによれば、自分の利益を追求した方が社会の利益を考えて行動するよりも結果的に社会の利益を高めることが多い（スミス[1776]2007, 下巻31-32）。スミスの考えを一般化すると、次のようになる。すなわち、様々な社会現象は必ずしも行為者の意図した通りに作り出されたのではなく、むしろ個々の行為者の**意図せざる結果**として生じたのである。そうだとすると、社会現象は必ずしも行為者の意図通りに作り出されたものではない以上、「神の」と形容するのは、あたかも社会現象を作り出す行為者として「神」を引き合いに出しているかのようで不適切になる。このように社会現象を個々の行為者の意図せざる結果として捉える考え方は、ともにオーストリアに生まれながら英語圏で活躍した経済学者フリードリヒ・ハイエクと哲学者カール・ポ

パーに受け継がれて現在に至っている。ハイエクとポパーの立場については後ほど確認することにして、スミスと同じように古典派経済学者の一人とみなすことができるミルの主張を見ていこう。

2.3 ジョン・スチュアート・ミルの道徳科学の論理学

　現代において、ミルは『自由論』や『功利主義論』などの著作により、倫理学者や政治哲学者として知られている。しかし、それ以前の著作には現代であれば経済学や科学哲学に属するようなものがある。その中で最も初期に出版された『論理学体系』の第6篇「道徳科学の論理学について」において、ミルは社会科学方法論について論じている。しかしミルの立場は、行為の意図せざる結果を強調したスミスとはかなり異なっている。あらゆる社会現象の法則は人間本性に関する心理学的法則から導き出すことができるとミルは主張する。ミルによれば、人間は社会という形で一緒に集められたとしても、異なる特性を備えた、別の存在にはならない。その意味で、水素と酸素から水ができるのとは事情が異なるとミルは述べる。したがって、社会現象は人間本性の心理学的法則に基づいて説明可能なのだから、社会現象を説明するための独自の法則は不要になる（ミル［1843］2020, 235）。このように人間本性の心理学的法則から社会現象を説明しようとするミルの立場は、ホッブズの社会契約説を批判しつつも、その心理学版であるとみなすことができる（ミル［1843］2020, 250）。そのような理由で、ミルの主張は社会科学を心理学に還元しようとする心理学主義であると後にポパーに批判された（ポパー［1945］1980, 第2部88-91）。

2.4 ヴェーバーの理解社会学

　ここまで方法論的個人主義の源流としてホッブズ、スミス、そしてミルの見解を見てきた。この用語をはじめて用いたのがシュンペーターであることは既に述べたけれども、方法論的個人主義の発展に多大な貢献をしたとされるの

が、シュンペーターと交流のあったヴェーバーである。

　ヴェーバーの方法論的個人主義は彼のいわゆる理解社会学と密接な関係があると考えられている。『理解社会学のカテゴリー』においてヴェーバーが念頭に置いていたのは、行為者が、自らや他者の行為や社会現象に対してどのような主観的意味を付与しているのかを理解することである（ウェーバー [1913] 1990, 9-41）。ヴェーバーにとって、主観的意味を付与するのは個人であって、それ以外の集団的な行為者と考えられるものは実際には人間の共同行為のカテゴリーにすぎない。ヴェーバーの考えでは、出生率や死亡率の増減などの主観的意味関係を欠くような事象は、主観的意味を付与された行為にとっては条件や結果という役割を果たすものでしかない。この点はデュルケームとの対比という意味で、とても興味深い点である。詳しくは後ほど述べるけれども、デュルケームは出生率や死亡率などの統計学上の数字に社会的事実が表現されていると考え、社会学の仕事は社会的事実を説明することであると主張した。行為者が付与する主観的意味に注目するために、ヴェーバーの理解社会学は個人主義的なものとならざるをえない。ヴェーバーによれば、理解社会学の最小の単位は個々人とその行為であって、比喩としては問題があると彼自身認めながらも、それを原子と呼んでいた（ウェーバー [1913] 1990, 37）。その意味では、方法論的個人主義が存在論的にも個人主義であると捉えられてきたのは理由がないわけではない。ヴェーバーの主観的意味を重視する立場は彼の影響を受けたオーストリア経済学派の面々やその後継者であるハイエクにも受け継がれている。

2.5 ハイエクの社会科学の哲学

　ここまでホッブズ、スミス、ミル、そしてヴェーバーと代表的な方法論的個人主義者たちの見解を紹介してきた。そこからも見て取れるように、彼らの立場は同じ方法論的個人主義であってもお互いに異なっており、一枚岩とは言いがたい。それぞれの違いは、既に言及した存在論的段階において社会の存在を

認めるのか、それとも個人の存在だけを認めるのかということと、社会科学において心理学的説明をどのように位置づけるのかということに由来していると思われる。これらの問題については少々先送りにすることにして、現代の社会科学の哲学において主要な方法論的個人主義者とされるハイエクやポパーの立場を見ていくことにしよう。

　ハイエクは社会科学の哲学上の主著である『科学による反革命』において、次のように主張した。すなわち、自然科学の方法が複雑な自然現象からその構成要素を導き出す分析的アプローチを取るのに対し、社会科学の方法は既知の要素から複雑な現象を構成するという意味で合成的アプローチを取る。さらに、社会科学は個人の意図・目的・信念といった主観的な事柄を取り扱わなくてはならないとハイエクは述べた。先にも言及したように、この点についてはヴェーバーの影響が見受けられる。ただしハイエクは主観的な事柄を取り扱うことだけが社会科学の仕事ではないと考えていた。ハイエクはスミスにならって、行為の意図せざる結果を説明することが社会科学の主要な目的であると主張する一方で、社会、経済システム、資本主義、そして社会主義といった集合体は通俗的な一般化にすぎないので事実とみなしてはならないと論じた。彼の考えでは、社会科学において集合や全体として考えられているものは、個々の出来事から既知の要素を選択して作り上げられた、複合的な構成物、つまりモデルにすぎず、方法論的集団主義は単なるモデルにすぎない集合体を実在と取り違えているのである（ハイエク［1952］2011, 38-40）。この章の冒頭に引用したサッチャーはハイエクの立場を自らの政策上の指針とみなしていたことが知られており、社会は存在しないという彼女の主張も社会を通俗的な一般化にすぎないと考えるハイエクの立場が背景にあると考えられる。

2.6 ポパーの心理学主義批判と制度論擁護

　集合体や全体を単なるモデルとみなす立場は、ポパーにも受け継がれている。ポパーは『歴史主義の貧困』において、社会科学の対象は理論的モデルの

構成物であり、理論的モデルを具体的な事物とみなしてはならないと論じた（ポパー［1957］2013, 219-220）。しかしハイエクとポパーの考えが全てにおいて一致しているわけではない。ハイエクはヴェーバーのように主観的意味を重視していたこともあって、自然科学と社会科学の違いを強調した。これに対してポパーは自然科学と社会科学の方法の単一性を擁護した。

　ポパーが**方法の単一性**によって意味していたのは、自然科学と社会科学に違いがないわけではないけれども、両者は推測と反駁の方法を共有していることである。ポパーによれば、科学理論は大胆な推測に基づく仮説であり、肯定的な証拠を集めて帰納法的に正当化するのではなく、絶えず反証を試み、反証された理論を修正したり、新たな理論を提案することが重要である（ポパー［1963］1980, 87-92; 吉田 2013, 90）。推測と反駁の方法によれば、科学は**反証可能性**を備えていなければならない。この反証可能性とは、科学理論が間違っていることが示される可能性のことである。ポパーは反証可能性を科学と科学ではない疑似科学を区別するための境界設定基準として提示した。つまり彼の考えでは、反証可能性を備えた理論は科学的であり、反証可能性を備えていない理論は科学的ではない（ポパー［1959］1971-1972）。ポパーによれば、精神分析やマルクス主義は間違っていることが示される可能性がないため、常に正しい理論である。したがって、両者は科学的ではないことになる。

　それはどうしてなのだろうか。序章第1節でも紹介した科学哲学者の伊勢田哲治がオーストリアの精神分析家ジークムント・フロイト（1856-1939）の理論を用いて説明しているので、それを見ていこう。フロイトによれば、人間の心は自我、超自我、そしてイドの三つの部分からできている。私たちが普段意識しているのは自我であるけれども、その背景には無意識の欲求の領域であるイドがある。しかし、このイドは道徳的・社会的行動を統制する超自我によって抑制されている。ここで、私たちには潜在的な欲望があると仮説を立てて、それが反証可能かを考えてみる。その欲望の存在を示唆する行動があれば、この仮説は検証される。反対に、その欲望の存在を示唆する行動がなければ、その欲望は超自我によって抑制されていたと説明される。つまり、この仮説は常

に検証され、反証されることがない。言い換えると、フロイトの精神分析は反証可能性を備えていないことになる（伊勢田 2003, 39）。ポパーの考えでは、このように反証を常に免れる理論は退けられるリスクを負っていないので、科学的であるとは言えない。彼は科学理論を厳しく批判し、ふるいにかけることが科学の発展には必要であると主張した（ポパー [1963] 1980, 62-64）。

　こうしたポパーの考えにしたがえば、自然科学も社会科学も最低条件としての反証可能性を備えるという意味で科学としての身分が認められる。この反証可能性とは科学が共有すべき最低条件であって、それぞれの科学において具体的な方法が異なることはポパーも理解していた。ポパーは『開かれた社会とその敵』の第14章で心理学に還元されない社会学の自律を擁護したけれども、それは方法の単一性と齟齬をきたすようなものではない（ポパー [1945] 1980, 第2部88-96）。

　社会学の自律に関する議論は、ポパーの方法論的個人主義を理解する上では欠かすことができない。先ほど述べたように、ポパーはミルのように社会科学を心理学に還元しようとする立場を**心理学主義**として厳しく批判した。心理学主義に対して、ポパーが提示するのが**制度論**的見解である。ポパーによれば、心理学主義は社会契約説の心理学版であり、社会成立以前に存在していた人間の本性によって社会が始まるという歴史上・方法論上の神話に基づいている。しかし、人間は社会的空白の中に生まれてくるわけではないのだから、ありとあらゆる社会現象を個々人の心理から説明することは極めて困難である。つまり、人間の行為を説明するためには環境や社会制度を引き合いに出さざるをえない（ポパー [1945] 1980, 第2部89-91）。したがって、イギリスの哲学者ロイ・バスカー（1944-2014）のように、ポパーの方法論的個人主義が社会学的還元主義と心理学的原子主義からできていると捉えるのは適切ではない（バスカー [1979] 2006, 35）。

　ポパーは物理的物体のように私たちの行為を制限し妨げになるもの全てを社会制度とみなすように提案し、言語、市場、そして価格などを社会制度の例として挙げていた（ポパー [1994] 1998, 289）。こうした社会制度について、ポパー

はスミスやハイエクと意見を同じくしていた。ポパーの考えでは、こうした社会制度は必ずしも意図的に設計されたものではなく、行為の**意図せざる結果**である（ポパー [1957] 2013, 116）。こうして、ポパーは方法論的個人主義から心理学主義を切り離すことによって**制度論的転回**の可能性を示した。しかし、その点についてポパーは十分に議論を展開させたとは言えず、制度論的転回については彼の影響を受けた研究者たちに引き継がれることになった。

　先にも述べた通り、ハイエクやポパーは現代において有力な方法論的個人主義者と考えられている。それは彼らが方法論的個人主義を擁護することが、20世紀前半のナチス・ドイツやソビエト連邦などに代表されるファシズムや全体主義に対する自由主義的な抵抗として位置づけられていたことと切り離すことはできない。その意味で、ハイエクやポパーの方法論的議論に政治的側面があったことは否定しがたい（Heath [2005] 2020, §4）。

2.7 ゲーム理論の発展

　しかし、次第に全体主義に対する恐れが薄れていく中で方法論的個人主義が目覚ましい発展を遂げるようになったのは、ハイエクやポパーの働きもさることながらゲーム理論の貢献によるところが大きい（Heath [2005] 2020, §4）。ゲーム理論とはチェスのような戦略的なゲームにおいて行為者がどのように行為を選択し意思を決定するかを分析する応用数学の一分野で、ともにヨーロッパに生まれながらもアメリカで活躍した数学者ジョン・フォン・ノイマン（1903-1957）と経済学者オスカー・モルゲンシュテルン（1902-1977）の『ゲームの理論と経済行動』によって社会科学、特に経済学において応用されるようになった（ナサー [1998] 2002, 116-123）。

　ゲーム理論は第二次世界大戦後の冷戦構造の中でアメリカとソ連の核戦争の可能性の分析などに用いられた。その中心となっていたのがランド研究所（RAND）である。ランドは1945年にアメリカ陸軍航空軍大将ヘンリー・ハリー・アーノルド（1886-1950）から資金提供を受けたダグラス・エアクラフ

トによってプロジェクトとして開始され、1948年に民間の非営利団体となっ
たシンクタンクであり、フォン・ノイマンやアメリカの数学者ジョン・ナッ
シュ（1928-2015）などが研究していた。ランドでのゲーム理論研究そのもの
は1950年代中頃には下火になったと考えられている（ナサー [1998] 2002, 151,
176）。しかし、ランドにかつて在籍した研究者たちがそれぞれの大学へ移り研
究と教育にあたることによってゲーム理論は現在でも発展を続けている。

2.8 囚人のジレンマ

　ゲーム理論の中でも特に知られているのが、**囚人のジレンマ**である。それは
次のようなジレンマである。まず、AとBの二人が何らかの罪で逮捕され、そ
の罪を自白するように求められていると考えてみよう。二人はそれぞれ別室に
連行され相談できない状況で、次のような選択肢があることを伝えられた。

1. Aは自白せず、Bは自白する場合には、Aには10年の懲役が科せられ、
   Bは直ちに釈放される。
2. 1とは逆に、Aは自白し、Bは自白しない場合には、Aは直ちに釈放され、
   Bは10年の懲役となる。
3. AとBの二人とも自白する場合には、二人ともそれぞれ5年の懲役とな
   る。
4. AとBの二人とも自白しない場合には、二人ともそれぞれ1年の懲役と
   なる。

　このような状況において、AとBはそれぞれどのような選択を行えば、無罪
放免となるか、あるいはできるだけ刑期を短いものにするという自己利益にか
なっているだろうか。まずAの立場になって考えてみると、次のようになる。

1. Bは自白するかしないかのどちらかである。

2. まず、Bが自白する場合を考えてみる。Aも自白すれば、Aは5年の懲役となる。しかし、Aは自白しなければ、10年の懲役となる。したがって、Aは自白するべきである。

3. 次に、Bが自白しない場合を考えてみる。Aが自白すれば、Aは直ちに釈放される。しかし、Aが自白しなければ、Aは1年の懲役となる。したがって、Aは自白するべきである。

4. したがって、Bが自白するかしないかにかかわらず、Aは自白すべきである。

　Aの立場になって考えた結果、Aは自白するのが自己利益にかなっているという結論が導き出された。それではBの立場になって考えてみると、どうなるだろうか。実はその場合もAが自白するかしないかにかかわらずBも自白すべきであるという結論が出る。したがって、どのような意思決定が自己利益にかなっているかを検討した結果としてAとBの二人とも自白することを選び、二人とも5年の懲役となる。

　しかし、仮に二人が互いを信頼し、協力して自白しないことを選べる状況にあったとしたら、1年の懲役で済んだはずである。すなわち、AとBの二人が自己利益をそれぞれに追求することが、協力して行動することよりも悪い結果をもたらしているのである。ところが、もし二人が協力することができれば全く懲役を受けないという最善の形ではないにしても、より良い結果が得られたはずである。ここから、社会的取り決めを作る必要が生まれる（レイチェルズ／レイチェルズ［1986］2017, 85-87）。

　この囚人のジレンマはあくまでも一例にすぎないけれども、このように社会的取り決めや現象の成立を合理的な選択を行う個々の行為者という戦略的な観点から分析する試みは経済学、政治学、そして社会学といった社会科学のそれぞれの分野に広まり、現在に至っている。しかしここまで見てきたところからも分かるように、ゲーム理論的な考え方はホッブズのような社会契約説にかなり親近性があり、社会契約説が直面した問題にゲーム理論的な考え方も直面し

ているという批判が提示されている。ゲーム理論そのものは応用数学であり、社会的な事柄について特に言及しているわけではないし、そうする必要があるわけでもない。それは動物の相互作用の分析に対してもゲーム理論が用いられているところから、見て取ることができる（グァラ [2016] 2018, 49-50, 86-87）。ところが先に言及した囚人のジレンマにおいては、行為者が意思決定をする際に懲役などのある種の社会制度が前提となっており、現実にゲーム理論的な分析を必要とする状況についても同じことが言える。そうだとすると、個々の行為者の行為選択や意思決定に対して何らかの制約をかけるような社会的・制度的状況は、そもそもどこからやってきたのかが問題となる。つまり、個人が先か社会が先かというホッブズ以来の問題である（Udehn 2001, 250-254）。先に述べたように、国家が成立する以前に個人が存在するとホッブズは仮定して議論を進めていた。しかし、こうした存在論的主張は理論上の仮定としては容認可能ではあるものの、歴史上現実にそうであったとは言えないことはホッブズ自身も認める。こうしたことを念頭に置くと、方法論的な議論と存在論的な議論を分けて考えるのが現実的な路線ではないかと思われる。この点については後ほど検討することにして、次に方法論的集団主義について見ていくことにしよう。

3. 方法論的集団主義

　ここまで方法論的個人主義がどのように発展してきたのかについて歴史的に概観してきた。この節では、方法論的集団主義について考察をしていく。冒頭でも述べたように、**方法論的集団主義**とは、社会現象は個人の観点からだけでは説明できないので、社会全体、あるいは何らかの集団についても考慮に入れて説明する必要があるという立場のことである。方法論的個人主義と存在論的個人主義を区別する必要があるのと同じく、方法論的集団主義と存在論的集団主義の違いも意識しておかなければならない。

　方法論的集団主義に関しては、大きく分けて二つの流れがある。一つはドイ

ツ語圏の流れであり、もう一つはフランス語圏の流れである。社会科学における方法論的集団主義を考える上では、後者のフランス語圏が特に重要である。しかし、ドイツ語圏の流れについても無視できないので、簡潔に確認していこう。

3.1 ヘーゲルにおける個人と国家

　ドイツ語圏における方法論的集団主義の源流としては色々挙げることができるけれども、ここでは哲学者G・W・F・ヘーゲル（1770-1831）に特に注目してみよう。『法哲学講義』において、ヘーゲルは個人に対して国家の役割を強調した。国家は有機体としての全体であり、個人はその一部であるので、個人の存在はその他の個人や全体としての国家に依存しているとヘーゲルは考えた。ヘーゲルによれば、国家とは共同体であり、共同体としての国家の関係は社会契約説が想定するような契約的なものではない。個人にとって本来の目的は全体としての国家とつながりを持ち、国家の中で生きることであり、そうすることによって国家のまとまりも保たれるのである（ヘーゲル [1824-25] 2000, 164）。方法論的集団主義との関連で注目すべきなのは、ヘーゲルが国家を有機体的な全体として、そして個人をその一部として捉えていたことである。ヘーゲルのこのような考え方はその当時のドイツ・ロマン主義や観念論哲学に共通するものだったと考えられている（Udehn 2001, 22-23）。

　しかし、ドイツ・ロマン主義は個人の独自性や独創性を重視していたはずなのに、個人が国家に従属するとはどういうことかと疑問に思う人もいるかもしれない。確かにドイツ・ロマン主義は個人の独自性や独創性を重視していたけれども、ヘーゲルの考えでは、個々人はそれぞれに特殊な個性を有しており、その特殊な個性が自らの特殊な主観性に基づく欲求や目的を満足させようとするとき、特殊でありながらも国家とかかわりを持つようになる。それによって個人は全体も維持されなければならないような認識に至る。ヘーゲルによれば、共同体に対立するかのように思われる個人は実はそれに支えられているの

である（ヘーゲル [1824-25] 2000, 373）。このようなヘーゲルの見解は、推測するに恐らく個人と国家は弁証法的な関係にあり、個人の活動が有機体としての国家の発展の原動力になっていると考えていたのではないかと思われる。したがって、全体との関係を無視して個人が勝手に自らの独自性や独創性を追求することは、少なくとも『法哲学講義』の主張から判断するとヘーゲルが意図していたことではないだろう。

　ドイツ語圏における方法論的集団主義をヘーゲルに代表させることについては、違和感を覚える読者もいるかもしれない。なぜなら、哲学者・経済学者カール・マルクス（1818-1883）は方法論的集団主義者とみなされることが多いからである。しかし、マルクスを方法論的集団主義者とみなすべきなのかについては難しいところである。この点については、例えばマルクスに対する批判者として知られるポパーですら、論述にゆらぎが見られる。ポパーはマルクスは個人主義者であり、集団主義が見られるのはマルクス主義者の行いであると主張するにもかかわらず、別のところでは、マルクスは方法論的集団主義者であると論じている（ポパー [1945] 1980, 第2部318-319注2, 第2部325注11）。また、批判がないわけではないものの、マルクスを方法論的個人主義者として解釈しようとする分析的マルクス主義と呼ばれる立場も存在する（Udehn 2001, 309-318）。したがって、マルクスの立場を適切に位置づけるためには、彼の議論を丁寧に検討する必要がある。しかし、それは筆者の能力を遥かに上回るため、ここではマルクスを取り上げないことにする。

3.2 コントの社会有機体説

　ここまで方法論的集団主義のドイツ語圏の流れをヘーゲルに代表させる形で見てきたけれども、もう一つの流れとしてフランス語圏に目を向けてみよう。その代表的な存在は社会学という言葉の生みの親とされるオーギュスト・コント（1798-1857）である。コントの実証主義については第2章で詳しく確認することになるので、ここではコントの方法論的集団主義についてだけ述べてお

くことにしたい。コントは社会を有機的な存在とみなしており、社会現象を説明するにはその全体を捉える必要があると考えた。コントは社会学を社会静学と社会動学という二つの部門に分けた。社会静学は有機体としての社会とその構成要素である個人との相互関係性を明らかにすることを目指し、社会動学においては有機体としての社会の歴史的発展の法則を解明することが目的とされた（コント [1839] 1980; Udehn 2001, 28; 竹沢 2010, 93–94）。コントが提示した有機体としての社会という考えはヘーゲルにも見られるとともに、次に検討するデュルケームにも受け継がれており、これが方法論的集団主義にとって重要な考えであることを示唆している。

▍3.3 デュルケームの社会的事実

　ここまで方法論的集団主義の源流としてヘーゲルやコントの考えを簡単に見てきたけれども、社会科学における方法論的集団主義を理解する上で欠かすことができない重要人物がデュルケームである。デュルケームは先に言及したヴェーバーと並んで、社会学の父と呼んで差し支えない人物である。しかしデュルケームは、方法論上はヴェーバーと対立する方法論的集団主義を支持していたとされる。デュルケームの『社会学的方法の規準』によれば、社会学の仕事は**社会的事実**を説明することである。この社会的事実とは個人的事実とは明確に異なる独特の実在であり、それは一つのまとまりとして考えられた集団の信念・傾向・慣行によって構成されている。さらに、社会的事実は個人に対して外部から拘束力を発揮することができる行為様式であるとデュルケームは主張した（デュルケーム [1895] 2018, 57, 64）。

　それでは、このような社会的事実をどのように考察すれば良いのだろうか。デュルケームの有名な主張に、「社会的事実は物のように取り扱われねばならない」というものがある（デュルケーム [1895] 2018, 25）。この主張を不思議に思う読者もいるかもしれない。実際、私たちが思いつくことができる社会的事実は必ずしも物理的存在ではない。「物のように」とは言っても、社会的事実

が物理的存在であると述べているわけではないとデュルケームは論じた（デュルケーム [1895] 2018, 25）。デュルケームは社会的事実というものが出生率、婚姻率、そして自殺率などの統計学的数字に表現されていると主張した。彼の考えでは、こうした数字は集合的魂のある一定の状態を示しており、これこそが社会学が扱うべき現象である（デュルケーム [1895] 2018, 58-59）。

　しかし、このような主張に対しては次のような反論が考えられる。例えば出生率について考えてみれば、こうした統計学的な数字は特定の日時に特定の家族のところに生まれた特定の乳児という個人的な事柄が捨象された単なる数字の寄せ集めにすぎない。しかし、特定の日時、家族、そして乳児などの個人的な事柄は同時に社会的な事柄でもあるのだから、単なる数字を社会学が研究すべき社会的事実であるとみなすのはおかしいのではないか、と。こうした反論に対して、確かにこうした個人的な事柄も社会的な事柄を含んでいることはデュルケームも認めていた。しかし彼の考えでは、こうした事柄は個々人の有機的・心的構造や特殊事情に左右されているので、厳密な意味での社会学的な現象ではなく、社会的−心的な現象である（デュルケーム [1895] 2018, 59）。社会学者は社会的事実をその個人的な表現から離れた、客観的な側面を考察しなければならないとデュルケームは論じている。そこにもこうした考え方が示されている（デュルケーム [1895] 2018, 103-104）。

　ここまでデュルケームが社会的事実をどのように考察しようとしていたかを説明してきたけれども、ここからは個人と社会に関する彼の考えについて見ていこう。デュルケームはコントと同じように社会を有機的に捉えており、個人と社会の関係を無機的な分子と有機的な生命の関係になぞらえていた。デュルケームによると、無機的な分子が結合することによって有機的な生命が生まれるのと同じように、社会は個々人が結合することによって単なる総和ではなくなり、それ自体独自の実在として現れることになる。この集団的なまとまりとしての社会は個々人がそれぞれに行なうのとは異なる仕方で、思考したり行動したりする。そのため、集団としての社会で生じている事柄を理解するためには、個々人の観点から考察するだけではまったく不十分で、集団的な観点から

考察しなければならない（デュルケーム [1895] 2018, 181-183）。使い古された表現ではあるけれども、社会は個々人の総和以上の存在だというわけである。

　この主張が方法論的個人主義と方法論的集団主義を分ける、重要な論点であることは言うまでもない。社会現象を説明する際に個人に注目すべきなのか、それとも集団に注目すべきなのかという問いに対して、デュルケームは後者であると主張していた。社会学は心理学とは異なるとデュルケームが繰り返し論じていた理由はまさにここにある。デュルケームの考えでは、集団の構成員である個人にいくら注目したところで、集団について理解することはまったくできないのであり、だからこそ社会学を心理学に還元することもできないのである。デュルケームが社会学の自律を主張していた背景には、当時の社会学はまだしっかりとした学問分野として成立していなかったという事情がある。社会学が心理学と同じである、あるいはそれに還元可能であるとしたら、自律した分野としての社会学はそもそも必要ないことになってしまう。そのような事態を避けるためにも、デュルケームはとにかく社会学は心理学とは異なる学問分野であることを強調しなければならなかったと思われる。

3.4 方法論的個人主義と方法論的集団主義の争点

　こうした歴史的・社会的状況を考慮に入れると、デュルケームの動機を理解することはできる。しかし実際のところ、社会科学や社会学の自律を認めるために、方法論的集団主義を必ず支持しなければならないわけではない。つまり、この点は方法論的個人主義と方法論的集団主義にとって必ずしも争点にはならない。なぜなら、方法論的個人主義者の中にも社会科学や社会学の自律を認める者がいるからである。例えば、ハイエクは主観的・心理学的な事柄の重要性を認めつつも、それを研究するのは基本的には心理学の仕事であって、社会科学の研究はそれに尽きるものではないと論じていた。また、ポパーも社会学を心理学に還元することはできないとして、社会学の自律を強く主張した。したがって、方法論的集団主義を支持することが社会科学や社会学の自律を含意す

るわけではない。

　それでは何が問題なのかと言えば、方法論的集団主義者全てに共通するとまでは言えないまでも、ヘーゲル、コント、そしてデュルケームがそれぞれ社会全体を有機体として捉えていたことである。これは彼らが方法論的集団主義を支持していたことと無関係ではない。ここから方法論的個人主義と同様に方法論的集団主義においても、方法論的議論と存在論的議論が明確に区別されていないことが理解できる。方法論的集団主義においては全体を有機体とみなした場合、その構成要素としての個人にはない何か別のものが全体に存在することを認めざるをえない。その上、全体を研究するために独自の方法も必要とされることになる。全体に備わっている、その何か別のものをデュルケームは集合意識や集合表象と言い表していた（デュルケーム [1895] 2018, 33-34）。しかし、スミス、ハイエク、そしてポパーは社会制度が個々人の行為の意図せざる結果であることは認めていたものの、それが独自の意識や表象、あるいは目的を持つことは認めてはいなかった。したがって、方法論的個人主義と方法論的集団主義の対立を検討する上では、全体としての社会に独自の意識や表象、あるいは目的があることを認めるのかが非常に重要な問題となる。この点において参考になるのが次節で扱う制度論的個人主義である。

4. 方法論的個人主義の制度論的転回

　ここまで方法論的個人主義と方法論的集団主義がどのような立場であるのかを概観してきた。そこからも分かるように、どちらの方法論的立場も存在論的立場を含意するかのように捉えられがちであったことが分かる。方法論的個人主義はしばしば存在論的個人主義と同一視されてきたし、方法論的集団主義においても存在論的集団主義との区別はそれほど明確ではなかった。また、方法論的個人主義に顕著な方向性としては、ホッブズのように社会の成立を説明するために人間の自然本性に訴える者や、ミルのように社会法則を個人の心理学的法則から導き出そうとする者が見られた。しかし、方法論的個人主義は存在

論的個人主義と同じでなければならないわけではないし、社会法則を個人の心理学的法則から導き出さなければならないわけでもない。現代の社会科学の一般的な方向性は、方法論的個人主義、あるいは方法論的集団主義のどちらかを厳密に徹底するよりもそれぞれの主張を踏まえつつ、新たに第三の立場を提示しようとするものであると思われる。

4.1 アガシの制度論的個人主義

　第三の立場を示そうとする試み全てを論じることはここではできないけれども、このような方向性の一つを示しているのが、イスラエルに生まれポパーのもとで学んだ哲学者ジョセフ・アガシ（1927-）によって提唱された**制度論的個人主義**である。先ほど見てきた通り、ポパーは心理学主義を退けて、制度論を擁護していた。しかし、ポパー自身は方法論的個人主義について必ずしも詳細に論じていたわけではない。ポパーの考えを発展させて制度論的個人主義として整理したのがアガシである。

　アガシは個人主義と集団主義（本人の用語では全体論）の対立を検討して、そこには多くの論者が暗黙のうちに前提としている命題が二つあると主張した。その命題とは次の通りである。

1. 「全体」が存在するならば、「全体」にはそれ自体の明確な目的や関心が存在する。
2. 社会が主であるか、あるいは個人が主であるかのどちらかであり、両方とも主であることはない。

（Agassi 1975, 147, 149; ただし付番は変更）

　第一の命題において述べられている「全体」には集団、制度、慣習、そして国家など様々なものが含まれる。しかし、この「全体」には社会有機体説に見られるような、それ自体の目的や関心はないとアガシは主張する。ここで一つ

注意しておく必要があるのは、アガシが退けたのは「全体」それ自体に目的や関心があることであって、「全体」が存在することではない。彼は社会制度としての「全体」が存在することは認めており、社会制度を個人の行為を制約する状況として位置づけることにした。

次に、第二の命題によって、個人か社会のいずれかだけが社会科学において主要な役割を果すと考えられることになる。アガシはこの考えを退ける。彼によれば、こうした二つの命題が同一視されることによって、個人主義は心理学主義と、集団主義は制度論と同じであると捉えられるようになったのである。こうした観点から、アガシは方法論的個人主義の**制度論的転回**を企てた（アガシ［1960］2015, 第1節; Agassi 1975, 150）。

さらに、アガシは個人主義と集団主義の論争を二つの対立軸を元に整理した。すなわち、個人主義と集団主義、そして心理学主義と制度論の対立軸である。この二つの対立軸において示されているそれぞれの立場には既に言及してきたので、これ以上詳しく説明する必要はないだろう。この二つの対立軸に基づいて、次の四つの組み合わせをアガシは提示した（図1）。

    1. 心理学主義的個人主義

    2. 制度論的集団主義

    3. 心理学主義的集団主義

    4. 制度論的個人主義

これまで見てきたこととアガシの主張も踏まえて確認しておくと、1はホッブズやミルのような方法論的個人主義の主流であり、2はヘーゲル、コント、そしてデュルケームなどの方法論的集団主義の主流となる。アガシの考えでは、3はまれではあるものの、方法論的集団主義に属するものであり、古代ギリシアの哲学者プラトン（BC427-BC347）の魂の三分説に対応した国家観やスイスの心理学者カール・グスタフ・ユング（1875-1961）の集合的無意識の理論が当てはまる（Agassi 1975, 151）。よく知られているように、プラト

	個人主義	集団主義
心理学主義	1	3
制　度　論	4	2

図1　アガシによる個人主義と集団主義の分類
（Agassi 1975, 151 を元に作成）

ンは人間の魂が理知的部分、気概的部分、そして欲望的部分からできていると考えた。これが魂の三分説である。また、人類は集合的無意識を共有しているとユングは論じた。そして、「全体」にそれ自体の目的や関心はないと主張することによって、アガシが擁護しようとしたのは、最後の4である（アガシ[1960] 2015, 第1節；ただし訳語は変更；Agassi 1975, 152）。このようなアガシの主張の背景には、ポパーによる心理学主義批判と制度論擁護があることは容易に見て取れるだろう。その意味では、アガシは制度論的個人主義を提唱することによって、ポパーの立場をより発展させたと言える。

4.2 制度論的個人主義と現代の制度論

　ここまで、アガシが制度論的個人主義と呼ぶものについて見てきたけれども、ポパー研究上の単なる解釈の問題ではないかと考える読者もいるかもしれない。しかし、制度論的個人主義は現代の社会科学とも関連性があると考えられる。例えば、制度の重要性を強調する新制度派経済学は、制度論的個人主義と親近性が高いものと思われる。ここではあくまでも可能性を示唆するだけにとどめざるをえないけれども、制度論的個人主義を実際の社会科学研究において活かしていくことが必要となる。

　この点については、イタリアの科学哲学者フランチェスコ・グァラ（1970–）の制度論との比較が参考になるだろう。グァラは既存の制度論が二つのアプ

ローチから成り立っていると論じ、両者の統合を目指している。彼が論じる二つのアプローチとは、ルールに基づくものと均衡に基づくものである。

　グァラによれば、ルールに基づくアプローチは制度を規則とみなすものであり、ヴェーバー、ハイエク、アメリカの社会学者タルコット・パーソンズ（1902-1979）、アメリカの経済史家ダグラス・ノース（1920-2015）、そしてアメリカの哲学者ジョン・サール（1932-）たちの著作に見受けられる（グァラ [2016] 2018, 23-24）。ここではグァラが検討しているサールの見解を簡単に確認してみよう。サールはセクシュアルハラスメントのためにカリフォルニア大学バークリー校から名誉教授の称号を剥奪されている。そうした人物の見解を紹介することにためらいもあるけれども、グァラの統合説を理解するには必要である。

　サールは制度を構成的規則の体系であるとみなし、**統制的規則**と**構成的規則**を対比させている。サールによれば、前者は「Xせよ」を基本形とするのに対し、後者は「Xは文脈CにおいてYとみなされる」を基本形とする（サール [2010] 2018, 11-13）。例えば、文民の国会議員であるなどの条件を満たした菅義偉（X）は日本（C）において内閣総理大臣（Y）とみなされる、というのが構成的規則の例である。サールは制度とは独立に存在する事実と制度に基づいて成立する事実を区別し、後者を**制度的事実**と呼ぶ。サールの考えでは、この制度的事実を創り出すためには、地位機能の宣言が必要となる。この**地位機能**とは、集合的に承認された地位によって果たすことが可能になる機能を意味する。先に述べた構成的規則の例で言えば、内閣総理大臣が果たすことのできる機能がそれにあたる。専門用語が続いて分かりづらいかもしれないけれども、構成的規則に基づいて地位機能が宣言されると、制度的事実が創り出されるというのが、サールの基本的な考えである（サール [2010] 2018, 7-8, 13-17）。

　ここまで、ルールに基づくアプローチをサールの議論を手がかりに見てきた。それに対して、均衡に基づくアプローチは、ゲーム理論家たちの研究に見て取ることができ、制度を**戦略ゲームの均衡**とみなしている。ゲーム理論の詳細に踏み込まずに極めて簡単に説明すると、均衡とは個々人が逸脱するインセ

ンティブ、つまり動機づけが見いだせないために、持続する傾向にある行動パターンである（グァラ [2016] 2018, 10）。具体例としては、エスカレーターの利用が考えられる。最近では事故防止のために奨励されていないけれども、急ぐ人のためにエスカレーターの片側を空ける慣習がある。首都圏では右側を空けているはずである。ところが、関西では反対に左側を空けることが多い。そのため、首都圏近郊に住んでいる人が何らかの理由で関西に行くと、右側を空けるために左側に立ってしまい、混乱を引き起こす場合がある。また、その反対の事例も見受けられる。こうした慣習には特に規則はないけれども、なんとなく定着している。均衡が意味するのはこうしたことである。似たような事例には道路の右側通行・左側通行などがあるものの、こちらは交通ルールを定めて運用している。しかし、ルールを知らなくても、皆が左側通行をしていれば、私たちは恐らくそれにしたがうはずである。以上のように、制度を規則とみなすか、あるいは均衡とみなすかでアプローチが分かれており、グァラは両者を統合的に捉える立場を示している（グァラ [2016] 2018）。

　こうしたグァラのアプローチからすると、制度論的個人主義はどのように解釈されるだろうか。この点で手がかりになるのは、アガシと長年協力関係にあり、イギリス出身でカナダに拠点を置く哲学者イアン・ジャーヴィーの見解である。ポパーにおいて、制度は様々な人々の異なる目的間の調整の手段として働くように位置づけられているとジャーヴィーは論じる（Jarvie 1972, 32）。その上、メカニズムの調整というゲーム理論的な見解としてアガシの立場をジャーヴィーは理解している（Jarvie 1998, 378-379, n. 7）。つまり、ポパーとその影響を受けたアガシの見解をジャーヴィーはゲーム理論的に捉えている。したがって、制度論的個人主義はグァラの立場からは均衡に基づくアプローチとして解釈されることになるだろう。

　ジャーヴィーの見解を元に考えてみると、このような解釈には異議を唱えがたいものの、制度論的個人主義にはヴェーバーやハイエクの影響もあることは否定できない。そうだとすれば、制度論的個人主義をグァラ自身の統合的立場に重ね合わせて解釈することも可能であると思われる。

　しかし様々な要因を考慮に入れると、両者の立場は全く同じわけではない。第一に、アガシやジャーヴィーなどの制度論的個人主義者は行為の意図せざる結果の重要性を強調するけれども、グァラはほとんど論じていない。第二に、制度は人々が直面する問題を解決するためのものであるという機能主義的見解をグァラは提示している（グァラ[2016] 2018, 57-58）。それに対して、機能主義は世界を究明する方法としては実りあるけれども、実際に世界がどうあるかについての理論としては間違っているという立場をジャーヴィーは示す（Jarvie 1973, 35）。このように制度論的個人主義とグァラの制度論には哲学的に様々な違いがあり、その違いを明らかにし、その上で現代の社会科学とどのような関係を築くことができるのかが今後の重要な課題になる（Yoshida 2019, 155-156）。

　こうした解釈上の問題はあるにしても、制度論的個人主義においては、制度は個人の意思決定や行為選択の際にその決定や行為を制限するような外在的状況として捉えられる。このように外的な制限として制度を捉える立場は、ホッブズやミルのように個人の人間本性から社会の成立を説明するような立場と相性が良くないことは、ここまで検討してきたことから理解できるはずである。なぜなら、制度論的個人主義からすれば、制度は個人の行為を制限するものとして外在的に既に存在しているのに対して、ホッブズやミルの場合には、その制度がどのように成立したのかをそもそものはじめから説明しなければならないからである。もちろん制度を外在的に捉えるとしても、それが固定して、まったく変化しないことを含意するわけではない。制度は行為者の働きかけに応じて変化するのであり、それは今までもそうであったし、そしてこれからもそうあり続けるだろう。こうした行為者と制度の相互作用に関してより良い説明を行うことが社会科学においてますます求められているのである。

5. おわりに

　この章では方法論的個人主義と方法論的集団主義の対立を中心に、社会科学が社会現象をどのように捉えようとしてきたのかという問題を検討してきた。まず、方法論的個人主義と方法論的集団主義のいずれの主張にも存在論的主張が含まれているけれども、方法論的立場と存在論的立場の違いに注意をして議論を進める必要があることを確認した。そうすることによって、社会制度の存在を認めつつも、方法論的には個人主義の立場を取るという方法論的個人主義の制度論的展開の可能性が開かれてくる。しかしそのためには、社会現象や社会制度を人間本性やその心理学的法則から説明しようとする心理学主義を方法論的個人主義から切り離して、社会制度を人間の行為を外在的に制約するような存在として認める制度論を擁護する必要がある。このような制度論的立場を発展させた上で実際の社会科学の研究につなげていくことがますます重要になっていくのではないかと思われる。

　この章を締めくくるにあたって、サッチャーの発言に戻ってみよう。サッチャーによれば、社会は存在しない。しかし、制度論的個人主義の立場からすれば、社会は存在しないわけではない。社会は独自の意識や目的を持たないけれども、個々人の行為の意図せざる結果によって生じた、個々人の決定や行為を制限する外在的状況として存在している。もちろん、ここには社会がどのように存在するのかという問題があり、それについては制度論において様々な議論が行われているのが現状である。したがって、社会のあり方についてはまだまだ究明すべき事柄が残されているものの、サッチャーの主張そのものは適切とは言えない。

読書案内
　方法論的個人主義者と方法論的集団主義者として取り上げた論者につ

いては、多くの著作が既に翻訳されており、また入門書も多数出版され
ているので、ここでくどくどと紹介する必要はないだろう。社会思想史
的な背景知識を必要とする読者には、坂本（2014）『社会思想の歴史』を
お勧めする。方法論的個人主義を含めた個人主義一般についてはルーク
ス（［1973］1981）『個人主義』を参照されたい。また、方法論的個人主
義の歴史については、Udehn (2001) *Methodological Individualism* が包括
的であり、この章でも大いに参考にした。最近の議論の状況については、
リー・マッキンタイア（1962–）とアレクサンダー・ローゼンバーグ編集
の *The Routledge Companion to Philosophy of Social Science* に収められた論
文 Kincaid (2017) "Reductionism," Ylikoski (2017) "Methodological
Individualism," そして Zahle (2017) "Emergence" を参照されたい。アガ
シの制度論的個人主義についてはアガシ（［1960］2015）「方法論的個人
主義」と Agassi (1975) "Institutional Individualism" が必読である。社会
科学の哲学において近年話題となっている制度論については、サール
（［2010］2018）『社会的世界の制作』とグァラ（［2016］2018）『制度とは
何か』が翻訳されている。Amadae (2018) "Review Symposium on
Francesco Guala *Understanding Institutions: The Science and Philosophy of
Living Together.* Princeton: Princeton University Press, 2016" は *Philosophy
of the Social Sciences* におけるグァラの著書の特集号である。さらに、こ
の特集に対するメタコメンタリーとしては、Agassi and Jarvie (2019)
"Institutions as a Philosophical Problem" がある。この章では論じられな
かったけれども、日本人による制度論としては、盛山（1995）『制度論の
構図』や河野（2002）『制度』がある。また、経済学的な制度観について
は、瀧澤（2018）『現代経済学』の第6章「制度の経済学」に目を通すと
良いだろう。

参考文献

アガシ、J.（［1960］2015）『方法論的個人主義』、小河原誠訳、ムーサア
　　カデメイア（Kindle版）
伊勢田哲治（2003）『疑似科学と科学の哲学』、名古屋大学出版会

ウェーバー、M.（［1913］1990）『理解社会学のカテゴリー』、海老原明夫・中野敏男訳、未來社

グァラ、F.（［2016］2018）『制度とは何か――社会科学のための制度論』、瀧澤弘和監訳、水野孝之訳、慶應義塾大学出版会

河野勝（2002）『制度』、東京大学出版会

コント、A.（［1839］1980）「社会静学と社会動学――『実証哲学講義』第四巻より」『世界の名著　46――コント　スペンサー』、清水幾太郎責任編集、霧生和夫訳、235-333、中央公論新社

坂本達哉（2014）『社会思想の歴史――マキアヴェリからロールズまで』、名古屋大学出版会

サール、J. R.（［2010］2018）『社会的世界の制作――人間文明の構造』、三谷武司訳、勁草書房

スミス、A.（［1776］2007）『国富論――国の豊かさの本質と原因についての研究』全2巻、山岡洋一訳、日本経済新聞出版社

盛山和夫（1995）『制度論の構図』、創文社

瀧澤弘和（2018）『現代経済学――ゲーム理論・行動経済学・制度論』、中央公論新社

竹沢尚一郎（2010）『社会とは何か――システムからプロセスへ』、中央公論新社

デュルケーム、E.（［1895］2018）『社会学的方法の規準』、菊谷和宏訳、講談社

ナサー、S.（［1998］2002）『ビューティフル・マインド――天才数学者の絶望と奇跡』、塩川優訳、新潮社

ハイエク、F. A.（［1952］2011）『科学による反革命』、渡辺幹雄訳、春秋社

バスカー、R.（［1979］2006）『自然主義の可能性――現代社会科学批判』、式部信訳、晃洋書房

ヘーゲル、G. W. F.（［1824-25］2000）『法哲学講義』、長谷川宏訳、作品社

ホッブズ、T.（［1642］2008）『市民論』、本田裕志訳、京都大学学術出版会

ホッブズ、T.（［1651］1982-92）『リヴァイアサン』全4巻、水田洋訳、

岩波書店

ポパー、K. R.（［1945］1980）『開かれた社会とその敵』全2巻、内田詔夫・小河原誠訳、未來社

ポパー、K. R.（［1957］2013）『歴史主義の貧困』、岩坂彰訳、日経BP

ポパー、K. R.（［1959］1971-1972）『科学的発見の論理』全2巻、大内義一・森博訳、恒星社厚生閣

ポパー、K. R.（［1963］1980）「科学——推測と反駁」『推測と反駁——科学的知識の発展』、藤本隆志・石垣壽郎・森博訳、57-109、法政大学出版局

ポパー、K. R.（［1994］1998）「モデル、道具、真理——社会科学における合理性原理の身分」『フレームワークの神話——科学と合理性の擁護』、M・A・ナッターノ編、ポパー哲学研究会訳、266-314、未來社

ミル、J. S.（［1843］2020）『論理学体系4』、江口聡・佐々木憲介編訳、京都大学学術出版会

吉田敬（2013）「経済学と脳神経科学はどのような関係にあるのか——科学哲学の立場から」『経済学に脳と心は必要か？』、川越敏司編著、85-104、河出書房新社

ルークス、S. M.（［1973］1981）『個人主義』、間宏監訳、御茶の水書房

レイチェルズ、J.／レイチェルズ、S.（［1986］2017）『現実をみつめる道徳哲学——安楽死・中絶・フェミニズム・ケア』新版、次田憲和訳、晃洋書房

ワトキンス、J. W. N.（［1965］1988）『ホッブズ——その思想体系』、田中浩・高野清弘訳、未來社

Agassi, J. (1975) "Institutional Individualism." *British Journal of Sociology* 26 (2): 144-155.

Agassi, J., and I. C. Jarvie (2019) "Institutions as a Philosophical Problem: A Critical Rationalist Perspective on Guala's 'Understanding Institutions' and His Critics." *Philosophy of the Social Sciences* 49 (1): 42-63.

Amadae, S. M., ed. (2018) "Review Symposium on Francesco Guala *Understanding Institutions: The Science and Philosophy of Living Together.* Princeton: Princeton University Press, 2016." Special Issue, *Philosophy of the Social Sciences* 48 (6).

Heath, J. ([2005] 2020) "Methodological Individualism." In *Stanford Ency-clopedia of Philosophy*, edited by E. N. Zalta. https://plato.stanford.edu/entries/methodological-individualism/ (Accessed April 30, 2021).

Jarvie, I. C. (1972) *Concepts and Society*. London: Routledge & Kegan Paul.

Jarvie, I. C. (1973) *Functionalism*. Minneapolis, MN: Burgess.

Jarvie, I. C. (1998) "Situational Logic and Its Reception." *Philosophy of the Social Sciences* 28 (3): 365–380.

Kincaid, H. (2017) "Reductionism." In *The Routledge Companion to Philos-ophy of Social Science*, edited by L. McIntyre and A. Rosenberg, 113–123. New York: Routledge.

Thatcher, M. (1987) "Interview for *Woman's Own* ('No Such Thing as So-ciety')." September 23. Margaret Thatcher Foundation. https://www.margaretthatcher.org/document/106689 (Accessed April 30, 2021).

Udehn, L. (2001) *Methodological Individualism: Background, History, and Meaning*. London: Routledge.

Ylikoski, P. (2017) "Methodological Individualism." In *The Routledge Com-panion to Philosophy of Social Science*, edited by L. McIntyre and A. Rosenberg, 135–146. New York: Routledge.

Yoshida, K. (2019) "Jarvie on Rationality and Cultural Relativism." In *The Impact of Critical Rationalism: Expanding the Popperian Legacy through the Works of Ian C. Jarvie*, edited by R. Sassower and N. Laor, 145–158. Cham, Switzerland: Palgrave Macmillan.

Zahle, J. (2017) "Emergence." In *The Routledge Companion to Philosophy of Social Science*, edited by L. McIntyre and A. Rosenberg, 124–134. New York: Routledge.

第2章
社会科学の方法と目的はどのようなものか

1. はじめに

　第1章では、社会科学が社会現象を説明するにあたって個人に注目するのか、あるいは集団に注目するのかという問題を考えてきた。この章では、社会科学の方法と自然科学の方法の関係を考察することを通して、社会科学の方法と目的を検討していきたい。

　社会科学の方法を考察するにあたって手がかりとなるのが、1987年11月18日にロンドン地下鉄キングズ・クロス駅で発生した火災事故である。この事故は、31名の乗客が死亡し、多数の負傷者が出たことで知られている。事故の原因は乗客が投げ捨てたマッチの火がピカデリー線の木製エスカレーターに燃え移り、急激に燃え広がるフラッシュオーバーと呼ばれる現象を起こしたことによるものとされている。ロンドン地下鉄ではそれまでにもたばこやマッチは投げ捨てられていたけれども、ボヤ程度で大惨事に至るようなことはなく、地下鉄当局も特に注意していなかった。しかし、この事故の場合にはエスカレーター付近から燃えやすいグリースなどの塊が発見されており、しかも、エスカレーターの設置角度が、トレンチ効果（火が酸素を求めて燃え広がる現象）を引き起こす役割を果たすことになった（Fennell 1988; Jarvie 2013）。マッチを投げ捨てた乗客には火災を起こすつもりなどなかったはずである。しかし以上のような客観的状況において、火のついたマッチを投げ捨てるという行為は大惨事という**意図せざる結果**を引き起こすことになった。この事故は物理学的、あ

るいは工学的な側面から説明できるのだから、社会科学とは何の関係もないのではないかという意見もあるかもしれない。確かに、この事故の要因には物理学的・工学的な側面があることは言うまでもない。しかしこの事故にはそれだけではなく、公共施設において火災発生の処理や乗降客の避難をどうするかなどの、社会制度の設計に関する要因もあり、事故調査報告書によるとその点に関して問題があることが指摘されている。つまり、この事故は物理学的・工学的側面と社会科学的側面を併せ持っている。その意味でこの事故の要因は、社会科学の方法と目的を考える上で非常に重要なものだと言える。

　この章では、社会科学の方法に関する主要な立場として**自然主義**と**解釈主義**の二つを検討する。その上で、キングズ・クロス駅の火災事故という意図せざる結果を説明するには、どちらも不十分であることを示し、両者に代わるものとして**状況分析**と呼ばれる考え方を紹介する。

2. 自然主義の前身としての実証主義

　社会科学の方法と自然科学の方法がどのような関係にあるのかに関する代表的な立場は、自然主義と解釈主義である。自然主義という用語は多義的であるけれども、社会科学の哲学における**自然主義**とは、社会現象は自然現象と同じように研究できるとする立場を指しており、ここでもその意味で用いる。さらに、自然主義者の中には、社会現象と自然現象には大きな違いはないので前者は後者に還元可能であり、したがって社会科学も自然科学に還元できるという立場を取る者もいる。社会科学の還元可能性については第6章をご覧いただきたいけれども、ここで自然科学として考えられているのは、基本的に物理学である。しかし後ほど言及するように、進化生物学の発展を踏まえて最近では自然科学として生物学を想定する者もいるため、必ずしも物理学に限定されるわけではない。その意味では同じ自然主義という用語が使われていたとしても、立場に多少の違いがあることに注意する必要がある。

　このような自然主義に対して**解釈主義**は反対の立場を取り、社会現象は自然

現象とは異なるので、社会現象を研究するためには独自の方法が必要であると
主張する。解釈主義によれば、自然科学は無生物、あるいは生物の物理学的・
化学的・生物学的側面を機械論的に研究している。しかし、社会科学は行為者
の意図や目的を研究対象としており、機械論的には研究できないため、解釈を
通して研究しなければならないのである（Yoshida 2018, 1738）。

　このように、自然主義と解釈主義は激しく対立しているものの、現代の社会
科学においては自然主義が有力な立場になっている。次節では現代の社会科学
における自然主義の実例をいくつか取り上げながら、その理由について考えて
いく。しかしその前に、まず自然主義の前身としての**実証主義**について述べて
おく必要がある。この実証主義とは科学の対象は観察可能な現象間の関係で
あって、それを記述するのが法則であるとする立場を指す（伊勢田 2018, 137-
138）。実証主義を自然主義の前身と位置づけることを不思議に思う読者もいる
かも知れない。しかし、社会科学に関心を持つ実証主義者たちは程度の差はあ
るにしても、自然科学が発展を遂げていく中で、社会科学はどのような意味で
科学と言えるのかという問題をそれぞれに考えていた。そのため、両者には関
連性が認められる。代表的実証主義者としては、第1章3.2でも方法論的集団
主義者として言及したオーギュスト・コントが挙げられる。そこで、まずコン
トの立場から見ていこう。

2.1 コントの実証哲学

　コントの立場は**実証哲学**という名称で知られている。コントの実証哲学に
は、自然現象に関する研究だけでなく、社会現象の研究も含まれている。実証
という用語によってコントが意味していたのは、自然現象や社会現象に関する
観察事実を秩序づけることである。さらに、実証哲学と言いながらも、それが
科学とは異なるとコントは考えていたわけではない。なぜなら、彼によれば、
科学的精神と哲学的精神は同一でなければならず、それは前者が一般性を、後
者が実証性を得ることによって達成されるからである。その意味で、哲学と科

学は一つであると考えられる（安孫子 2007, 130-132）。

　コントは、私たちの思索が三つの理論的段階を経て発展していくと主張した。彼によれば、私たちの思索は神学的段階から形而上学的段階へ、そして形而上学的段階から実証的段階へと発展している。第一の神学的段階において、私たちの思索は観察ではなく想像に基づいており、法則が知られていない現象の究極原因としては超自然的な神が持ち出された。第二の形而上学的段階においては純粋な想像でもなく真の観察とも呼べないものが支配的な位置を占めているけれども、神学的段階と同様に現象の究極原因を探し求める傾向が見られた。形而上学は序章第1節でも紹介したけれども、第1章で言及した存在論とほぼ同義語であると考えてもらえれば良いだろう。現象の究極原因として超自然的な神の代わりに抽象概念としての実在が持ちだされたという点では、この段階は神学的段階と異なる。しかし、この抽象概念としての実在は神と置き換えられただけであり、形而上学的段階はむしろ神学的段階に近いとコントは考えた。最後の実証的段階において、ようやく想像に対する観察の優位が確立され、現象の説明は神や実在によらず、法則のみに基づいて行われるようになる。コントによれば、観察こそが人間の知識のための唯一の基礎となりうるのであり、実証的段階においては現象の究極的な原因を追求することが断念され、観察された現象間に成り立つ、恒常的な関係としての法則を発見することが求められるようになる（コント [1844] 1980, 147-161; 安孫子 2007, 142）。

　さらにコントは科学を序列化し、数学、天文学、物理学、化学、生物学、そして社会学の六つに分類した。コントによれば、序列の上で後続する科学は先行する科学に理論的に依存する。例えば、生物学と社会学の関係で言えば、生物学は社会学に理論上先行しているので、社会学は生物学に依存していることになる。しかし、これは社会学が生物学に還元可能であることを意味しているわけではない。なぜならコントの考えでは、社会学において扱われるべき現象は生物学において扱われるべき現象と比べると異質、あるいはより複雑なものだからである（コント [1844] 1980, 224-233; 安孫子 2007, 148-152）。還元主義を取らないという意味では、コントの実証主義は私たちが現在考えるような実証

主義とは異なる。実証主義は還元主義を含意するという考え方を広めるのに寄与したのは、本人たちにとっては不本意かもしれないけれども、いわゆる統一科学運動を主導していた論理実証主義者たちである。

2.2 論理実証主義

　論理実証主義は、1920年代後半にオーストリアのウィーンで結成されたウィーン学団と呼ばれる科学者と哲学者のグループによって提唱された立場である。その中心にいたのは、モーリッツ・シュリック（1882-1936）やルドルフ・カルナップ（1891-1970）などの哲学者たちで、社会科学への展開においてはオットー・ノイラート（1882-1945）が主導的な役割を果たした。それぞれに力点は異なるものの、ウィーン学団のメンバーは神学や形而上学に批判的な立場を取っており、経験的に検証されえない言明は無意味であるという検証可能性の基準を提示した。さらに、ウィーン学団は『統一科学百科全書』を刊行することで、**統一科学運動**を推進しようとした（Bryant 1985, 109-114; Udehn 2001, 173-175）。

　統一科学運動を理解する上で重要なのが**物理主義**と呼ばれる考えである。物理主義とは、人々や制度などの社会現象に関する言明も時空間上の物理的運動や出来事に関する言明に翻訳されうるという立場である（Udehn 2001, 175）。社会現象も時空間上の物理的運動や出来事に関する言明に翻訳されうることは、必ずしも還元主義を意味しない。それぞれに独立している分野が物理的運動や出来事に関する言語で記述されていると捉えることもでき、ノイラートは次節で紹介する行動主義を心理学や社会学の方法として擁護した（Neurath [1931] 1983）。

　物理主義が還元主義を必ずしも意味しないことは、物理主義の提唱者であるノイラート自身が還元主義に対して批判的だったことから理解できる（Neurath [1931] 1983, 75; Udehn 2001, 175-176; 桑田 2017, 7）。しかし少なくとも、物理主義は物理学をはじめとする自然科学と社会科学との間に大きな違い

を認めないことを含意している（Neurath [1931] 1983, 68; Bryant 1985, 113）。そのため、ノイラート自身の意図では必ずしもないものの、論理実証主義は物理学に他の個別科学を還元しようとする物理学至上主義として受けとめられてきた（野家 2001, 11）。社会科学を自然科学に還元することができるのかは重要な問題であるけれども、第6章で検討するためひとまず先送りにして、なぜ現代の社会科学において自然主義が有力な立場となっているのかを見ていくことにしよう。

3. 現代の社会科学において自然主義が有力である理由

実証主義をその原型として、**自然主義**は現代の社会科学において有力な立場となったけれども、その理由としては大きく三つ挙げられる。社会科学を物理学のような一人前の科学にしたいという社会科学者の願望が一つ目の理由である。二つ目の理由は、アメリカの科学史家トーマス・クーン（1922-1996）のパラダイム論の影響である。三番目は、社会生物学や進化心理学といった分野の登場である。それぞれについて順番に見ていこう。

3.1 科学主義、あるいは物理学羨望と行動主義心理学

最初の理由として、社会科学者の中に自分の分野を物理学のような一人前の科学にしたいという願望があったことは否定しがたい。科学史を振り返ると、歴史上重要な科学者として名前が挙がるのは、イタリアの天文学者ガリレオ・ガリレイ（1564-1642）、イギリスの物理学者アイザック・ニュートン（1642-1727）、そしてドイツ出身の物理学者アルベルト・アインシュタイン（1879-1955）などの天文学や物理学に多大な貢献を果たした人物が中心である。もちろん、イギリスの化学者ジョセフ・プリーストリー（1733-1804）やイギリスの生物学者チャールズ・ダーウィン（1809-1882）などの化学や生物学に貢献をした人々も科学史において重要であることは言うまでもない。しかし、天文

学や物理学の業績が科学史において中心的な位置を占めていることははっきり
としている。その理由は、天文学や物理学が数学に基づく形式的な言語を用い
て対象とする自然現象を説明し、予測することに成功してきたことにあると考
えられる。天文学や物理学の成功によって、その他の自然現象や社会現象に興
味を持つ者たちもそれらの現象を数学的に、あるいは形式的に説明したり、予
測することが科学的であることの証と考えるようになった。言い換えると、物
理学のようになることが科学的とされたのである。こうした考え方は哲学者や
社会科学者によってもある程度共有されていた。例えば、第 1 章で紹介した
ジョン・スチュアート・ミルやエミール・デュルケームは、方法論的個人主義
と方法論的集団主義という立場の違いはあっても、社会科学の方法と自然科学
の方法は基本的に同じであると考えていた（ミル [1843] 2020, 169-171; デュル
ケーム [1895] 2018, 230-231; Rosenberg [1988] 2016, 180; Schmaus 2017, 21）。そ
の意味では、ミルとデュルケームも自然主義者であったと言える。このように
自然科学、とりわけ物理学を科学の典型例とみなしてそれを真似ようとする考
え方をフリードリヒ・ハイエクが**科学主義**と批判したことは序章第 3 節で述べ
た。最近では、**物理学羨望**と呼ばれることもある（Clarke and Primo 2012）。

　社会科学における自然主義の一例としてミルやデュルケームの立場を論じる
こともできるけれども、ここではより最近の例として**行動主義心理学**を検討し
てみたい。心理学が社会科学と自然科学のどちらに属するのか、研究者によっ
ても意見が分かれる。ここでは序章第 2 節でも論じたように、社会科学の一つ
として考えてみたい。しかし行動主義心理学自体は、心理学を物理学や生物学
のような自然科学にすることを目指していた。その意味では、行動主義を社会
科学における自然主義の現れと位置づけられる。

　代表的な行動主義心理学者は、アメリカのジョン・ワトソン（1878-1958）
と B・F・スキナー（1904-1990）の二人である。ワトソンは意識や心などの人
間の内面に注目する、既存の心理学の研究手法を批判し、客観的に観察可能な
行動を研究対象とするべきであると主張した。その点では先ほど紹介した実証
主義に通ずるものがある。ワトソンの考えでは、意識や心などの人間の内面に

58

属する状態は観察可能ではないため、科学的研究の適切な対象ではなかった。心理学を本来あるべき自然科学的な研究とするために、ワトソンは刺激と反応がもたらす条件づけに注目した。彼の方法はロシア（後にソビエト連邦）の生理学者イワン・パブロフ（1849-1936）に影響を受けていたと言われる。パブロフの名前は、条件反射に関する実験である、いわゆるパブロフの犬によって知られている。この実験によれば、ベルを鳴らした後で食事を与えられた犬はよだれを流すようになるけれども、実験が繰り返されると犬はやがてベルを聞いただけでもよだれを流すようになる。この実験のように、刺激と反応の関係とそれに由来する条件反射から人間の行動を説明しコントロールできるようになること、それが心理学を自然科学の一つとするために必要であるとワトソンは考えた（ワトソン [1924] 2017; Graham [2000] 2019, §3; Udehn 2001, 192）。

スキナーはワトソンの刺激反応モデルを退け、その代わりに強化学習に注目することで、行動主義をさらに徹底しようとした。スキナーはパブロフの犬が示したような条件反射に基づく条件づけを**レスポンデント条件づけ**と呼ぶとともに、動物の学習過程には他の条件づけも見られると主張した。その別の条件づけを彼は**オペラント条件づけ**と名づけた。オペラント条件づけの例としては次のようなものがある。何らかの行動によって食べ物が得られる場合、空腹の動物はその行動を繰り返すようになる。あるいは、屋根の下に入ることで強い日差しを避けられる場合、その動物は屋根の下に入るようになる。このような、正と負それぞれの条件づけは単なる条件反射とは異なり、動物の自発的な行動が元になっており、しかもそれが動物の学習と関係していることをスキナーは指摘した（スキナー [1971] 2013, 39-40, 140-141）。

ここまで行動主義心理学を紹介してきたけれども、ここから行動主義は社会科学における自然主義の現れであることが良く理解できたのではないかと思われる。

3.2 クーンのパラダイム論と社会科学への影響

　社会科学の方法をめぐって自然主義が優勢となっている二番目の理由として
は、クーンが『科学革命の構造』によって提示した**パラダイム論**の影響がある
と考えられる。パラダイムとは科学者が教科書を学ぶことによって会得する基
本的前提のことである。パラダイムを身につけた科学者たちは、それについて
疑問を差しはさむことなく通常科学と呼ばれる日常的な研究活動に従事する。
そこではパラダイムが提供するパズル解きに携わることになる。確固としたパ
ラダイムが存在する期間には何も問題がないものの、パズル解きの過程で科学
者はうまく解くことのできないパズルにじきに直面することになる。この解け
ないパズルは変則事例、あるいはアノマリー（anomaly）と呼ばれる。この変
則事例が次第に蓄積していくにつれて、科学者が自らのパラダイムに疑念を抱
くようになる異常科学の期間に突入する。この期間に、旧いパラダイムに取っ
て替わる新たなパラダイムが提示されるようになる。すると、科学者たちは旧
いパラダイムから新たなパラダイムへと転向する。これがクーンのパラダイム
論である（Kuhn [1962] 2012）。

　なぜクーンのパラダイム論が社会科学における自然主義の優勢につながって
いるのだろうか。それはまさにクーンがパラダイムの着想を得たきっかけの一
つが自ら学んだ物理学から見た社会科学との違いにあったからである。クーン
は1958年から59年にかけてスタンフォード大学の行動科学高等研究センター
に滞在した。そこでクーンは社会科学者たちがお互いに基本的前提もまるで共
有することなく議論している姿を目の当たりにした。それは物理学の博士号を
取得したクーンの経験とはまったく異なるものだった。そこで、クーンは自分
が学んでいた物理学のような科学には研究者全員に共有されている何かがある
に違いないと考えた。それを概念化したものが**パラダイム**である（Kuhn [1962]
2012, xiii）。つまり、クーンの立場からすると、物理学にはパラダイムがある
けれども、社会科学にはパラダイムがないのである。

　ところがクーンのパラダイム論を知った社会科学者たちは興味深い反応を示

した。社会科学者たちは自分たちの分野にはパラダイムがないとしたら、物理学のように確固としたパラダイムを持たなければならないと考えた。

　例えば、ソビエト連邦出身でアメリカに渡った経済学者ワシリー・レオンチェフ（1906-1999）やアメリカの経済学者ジョージ・スティグラー（1911-1991）は『科学革命の構造』出版直後にクーンに書簡を送り、クーンの記述は経済学に当てはまるのかについて意見の交換を行っている。レオンチェフの見解では、クーンの議論は自然科学だけでなく、経済学にも当てはまる。それに対して、スティグラーはクーンの本を賞賛しながらも、クーンの見解は1870年代の限界効用革命などには当てはまらないのではないかと疑問を投げかけている。こうした意見に対して、クーン自身は経済学については何も知らないけれども、スティグラーの反例において示されている変化が古い理論の再構成を促すのであれば、むしろ科学革命とみなすことができるのではないかという返答をしていたようである（Wray 2017, 67）。

　政治学においても、アメリカ政治学会の1965年のデイヴィッド・トルーマン（1913-2003）による会長講演と1966年のガブリエル・アーモンド（1911-2002）による会長講演のいずれも『科学革命の構造』に言及しながら、政治学にはパラダイムがあるのかないのかを問題とした。政治学にはパラダイムがないとトルーマンは論じた。それに対して、政治学にも権力分立を中心としたパラダイムが存在しており、政治システムを中心とする新たなパラダイムが生じつつあるとアーモンドは主張した。こうした立場の違いはあるものの、トルーマンとアーモンドのいずれも政治学が単一のパラダイムによっていずれ統一されることが望ましいと考えていたと思われる（Truman 1965; Almond 1966; Wray 2017, 68）。

　さらに、アメリカの社会学者ジョージ・リッツァ（1940-）も社会学にはパラダイムがあると考えた。自然主義を全面的に支持したわけではないけれども、リッツァはクーンのパラダイム論を社会学に応用して、社会学にはデュルケームに代表される社会的事実パラダイム、マックス・ヴェーバーに代表されるような社会的定義パラダイム、そしてスキナーのような社会的行動パラダイ

ム、の三つのパラダイムがあると主張した（Ritzer 1975）。クーンは当初、一つの分野には一つのパラダイムだけが存在すると考えていたものの、批判を受けて、複数のパラダイム（本人の新しい用語では専門母型）の存在を容認するようになった（Kuhn [1962] 2012, 178-186）。リッツァの議論はそれを踏まえていると思われる。なお、社会学におけるパラダイム論の受容については、パラダイムという用語はその内部に十分に吸収されてしまったので、社会学者はパラダイムを論じる際にクーンに言及しなくなってしまったという指摘もなされている（Wray 2017, 69）。

　このようにクーンのパラダイム論を社会科学者は様々な形で受容した。パラダイム論の社会科学への応用についてもう一つ指摘しておくべきなのは、クーン自身は科学史を記述するための理論的な枠組みとしてパラダイム論を提示したけれども、それと同時に、科学と疑似科学を区別する境界設定基準としてパズル解きとそれに伴う批判的討論の放棄を挙げたことである（クーン [1970] 1990, 17）。つまり、パラダイム論を受容した社会科学者は後者を社会科学の科学性を保証するための規範的な基準として採用したことになる。ただ、クーン自身は社会科学の方法として自然主義ではなく、解釈主義、とりわけチャールズ・テイラーの立場に好意的だったことには注意を促しておきたい（クーン [2000] 2008, 280-281）。しかしこうした状況において、社会科学におけるパラダイム論の受容に誰もが無批判だったわけではない。批判の中で興味深いのは、アメリカ出身でイギリスで教える社会認識論者スティーヴ・フラー（1959-）によるものである。フラーはクーンについての批判的な本を出版し、物議を醸したことで知られている（フラー [2000] 2009）。彼によれば、パラダイム論を社会科学者が受け入れたことは問題だった。なぜなら、パラダイムをいったん受け入れると、科学者はその基本的前提を疑うことなくそれにしたがって研究活動を進めていくことになるからである。しかし、批判的であることが必須であるはずの社会科学者が自らの基本的前提に疑いを持たなくなってしまうのは、自殺行為であるとフラーは考えたのである。

3.3 進化心理学の流行

　クーンのパラダイム論とそれが社会科学者に与えた影響はここまでにして、自然主義が優勢である三番目の理由を見ていこう。**進化心理学**の流行である。進化心理学はアメリカの進化生物学者エドワード・O・ウィルソン（1929-）の社会生物学を踏まえながらも、新たな形で提案された。主要な進化心理学者としては、カリフォルニア大学サンタバーバラ校を拠点とするリーダ・コスミデス（1957-）とジョン・トゥービー（1952-）、そしてカナダ出身でハーヴァード大学で教えるスティーヴン・ピンカー（1954-）などが挙げられる。進化心理学者によれば、現代の社会科学は自分たちが標準社会科学モデル（SSSM）と呼ぶものによって損なわれている。SSSMは進化生物学や遺伝学の知見を無視しているけれども、こうした分野の発展によってこそ、人間の社会行動も説明することができるのであり、それを踏まえて社会科学は再構成されるべきである。これが進化心理学者の主張である。

　それでは、進化心理学者が批判の対象とするSSSMとはどのようなものだろうか。進化心理学者によれば、SSSMは次の四つの特徴からなる（Badcock 2000, 228-233; Yoshida 2014, 64-65）。

1. 全体論：社会・文化現象は個人の外部にあり、個人を制約する。
2. 文化創造主義：社会・文化現象は人間の行動を規制し、コントロールする。
3. 生物学恐怖症：生物学は人間の行動の説明に関わりを持たない。
4. 心の白紙説：人間の心は何も書かれていない白紙状態である。

　このような特徴を見ると、本当にこのようなSSSMに基づいているとしたら、現代の社会科学が人間本性に関する生物学的・心理学的理解を欠いているという進化心理学の主張はもっともらしく思われるかもしれない。しかし、進化心理学者がSSSMに基づいていると批判した社会科学者とは誰なのかを考え

ると、進化心理学者の主張は疑わしくなる。なぜなら、進化心理学者が社会科学者の代表として言及しているのは第1章3.3でも言及したデュルケームや、後ほど解釈主義者の一人として紹介する、アメリカの人類学者クリフォード・ギアツ（1926-2006）だからである。デュルケームもギアツも確かに重要な社会科学者であることは言うまでもない。しかし、彼らだけに現代の社会科学を代表させるのは無理がある。例えば、第1章で検討した、方法論的個人主義と方法論的集団主義の対立を思い出してみよう。既に挙げたSSSMの四つの特徴では、方法論的集団主義の一部の側面しか捉えられていない。代表的な社会科学者であり、しかも方法論的個人主義者でもあるアダム・スミスやヴェーバー、あるいはハイエクの立場がSSSMに基づいているとは言いがたい。進化心理学者の議論はこうした違いに非常に無頓着であることを示している。例えば、ピンカーは社会学とそれ以外の社会科学である経済学や政治学を区別しながら、社会学の伝統においては、社会は有機的な全体で、個人はその構成要員として考えられていると論じる。ここから特に社会学が批判の対象とされていることが分かる。しかし、ピンカーによれば、この伝統にはプラトン、G・W・F・ヘーゲル、カール・マルクス、デュルケームなどが属しており、しかもヴェーバーもその伝統の一員とみなされている（ピンカー[2002] 2004, 下巻13）。第1章を読まれた人にとっては、これがどれほど粗雑な社会科学理解であるかは一目瞭然だろう。ここから明らかなように、進化心理学者の社会科学の理解には非常に問題があるため、その批判をそのまま鵜呑みにすることはできない。ただ、進化心理学が社会科学の方法をめぐる自然主義の優勢に貢献してきたのも否定しがたい事実である。社会生物学と進化心理学については、第6章で社会科学の還元可能性について論じる際に取り上げることになるので、ひとまずはここまでにしておこう。

　ここまで自然主義の実例を取り上げながら、自然主義が現代の社会科学において有力である理由を述べてきた。それぞれの立場には違いもあり、共通する見解を導き出すことは必ずしも容易ではないものの、自然主義とは基本的に社

会科学の方法と自然科学の方法に大きな違いがあるとは考えない立場と言える。このような立場に対して、社会科学の方法の独自性を主張するのが解釈主義である。

4. 解釈主義

　前節ではなぜ自然主義が現代の社会科学において優勢であるのかを述べてきた。この節ではこのような状況において**解釈主義**がどのように自らの立場を示しているのかを検討していこう。この章の冒頭でも触れたように、解釈主義とは、社会現象は自然現象とは異なるので、社会現象を研究するためには独自の方法が必要であるとする立場のことである。現代の社会科学において、解釈主義は自然主義に対するアンチテーゼとしての側面が強い。例えば、解釈主義を擁護する二人の政治学者、イギリス出身でカリフォルニア大学バークリー校で教えるマーク・ビーヴァー（1963-）とビーヴァーのもとで学び、ペパーダイン大学に在籍するジェイソン・ブレイクリー（1980-）は、解釈主義が反自然主義であることを明確に主張する（Bevir and Blakely 2018, 2-3）。そのため、解釈主義の支持者は必ずしも多くはないけれども、社会学、人類学、そして政治学などにおいては今なお影響力がある。

4.1 ヨーロッパの解釈学の伝統

　解釈主義の源流としては、ドイツの神学者・哲学者フリードリヒ・シュライアマハー（1768-1834）や、同じくドイツの哲学者ヴィルヘルム・ディルタイ（1833-1911）などを挙げることができる。シュライアマハーは聖書や法律の解釈を中心としていた解釈学をより一般的な学問分野とすることに多大な貢献を果たしたとされ、ディルタイはそれを発展させた立場から精神科学（Geisteswissenshaften）の基礎づけを行った。精神科学とは元々はミルが用いていた**道徳科学**（moral science）のドイツ語訳をディルタイが採用したと言わ

れる。ミルの道徳科学は社会学と心理学を合わせたような領域を念頭に置いていたのに対して、ディルタイはそれだけでなく、政治学や法学から歴史学や宗教学などの人文学に至る分野までを精神科学に含めていた（伊勢田 2018, 213-214）。また、ドイツの哲学者ハンス゠ゲオルク・ガダマー（1900-2002）は、理解とは地平の融合であると考え、独自の哲学的解釈学を提唱した。彼によれば、意味を歴史的に位置づける文脈である地平を別の地平へと投影し、それによって新しい地平を作り出す過程こそが理解である（ガダマー [1960] 1986-2012）。

　こうしたヨーロッパの解釈学の伝統は、社会科学の哲学における解釈主義にまったく無関係なわけではない。例えば、後に言及するカナダの哲学者チャールズ・テイラー（1931-）は元々フランスの哲学者モーリス・メルロ゠ポンティ（1908-1961）の影響を受けていたし、後の著作ではガダマーの影響を明言している（Taylor 1964; Taylor 2002）。しかし英語圏の社会科学の哲学においては、ヨーロッパでの動きには必ずしも影響されない形で、社会科学と自然科学の違いを強調するような独自の立場が展開されてきた。残念ながら、解釈主義を網羅的に紹介することは筆者の手に余る。ここでは、解釈主義の基本的な考え方を理解してもらうために、社会科学の哲学において解釈主義の代表的な研究者として言及される、イギリスの哲学者ピーター・ウィンチ（1926-1997）、テイラー、そして進化心理学者の批判対象となったギアツの三名の見解に注目して検討してみよう。

4.2 ウィンチの異文化理解の方法論

　ウィンチは、イギリスの人類学者エドワード・エヴァン・エヴァンズ゠プリチャード（1902-1973）の著書『アザンデ人の世界——妖術・託宣・呪術』における方法論を批判したことで知られている。この批判によってウィンチは、社会科学の哲学における代表的な論争の一つである**合理性論争**に火をつけた。合理性論争においては、人類学者が異文化を研究する際、どのような方法を取

るべきなのかが問題になった。ウィンチの考えでは、異文化には私たちが用い
ているものとは異なる合理性の基準があり、異文化を研究するために人類学者
はその文化を内的に理解しなければならない。これまでの人類学者は自分のも
のとは異なる文化に理解しがたい慣習を発見すると、その慣習を非合理的とみ
なす傾向があった。しかし、たとえある文化やその一部が人類学者にとって非
合理的に見えるとしても、それはその人類学者が特定の観点を取っているから
こそそう見えているのであって、その文化に内在的な観点からすれば必ずしも
非合理的ではないとウィンチは主張した。このように主張するにあたって、社
会科学は自然科学と異なるという立場をウィンチは取った。ウィンチによれ
ば、自然科学は自然現象を因果的に説明するけれども、社会科学の説明には社
会現象の内的な理解がふくまれていなければならず、因果的説明だけでは不十
分である。このように社会科学と自然科学の二分法に基づき、ウィンチは異文
化理解の方法論を論じた（ウィンチ [1958] 1977; ウィンチ [1972] 1987; Yoshida
2018, 1739）。こうしたウィンチの主張は文化相対主義であるという批判を受け
たものの、彼自身はそれを否定した。文化相対主義については第4章で検討す
ることになるのでここでは割愛して、次にテイラーの見解を確認してみよう。

4.3 テイラーの人間科学の哲学

　テイラーは行動主義を批判することによって自らの研究者としてのキャリア
を始めた（Taylor 1964）。彼の考えでは、行動主義は社会科学における自然主
義の典型例である。テイラーは自然科学と社会科学（本人の用語では人間科学）
を明確に区別した。テイラーによれば、自然科学は自然現象を客観的・中立的
に、つまり研究者や研究対象の意図や目的を考慮することなしに説明する。し
かし、行為する人間には意図や目的があるのだから、社会科学の説明はそれを
無視することはできない。その意味で、社会科学は自然科学のように、客観的・
中立的ではありえないとテイラーは主張した。ところが行動主義は自然科学の
ようになるために、意図や目的を社会科学の説明から排除してしまった点に問

題がある。このような理由から、テイラーは行動主義や自然主義を批判した。テイラーの考えでは、社会科学の説明が行為者の行為の基盤となっている内的な意味を捉えなければならない以上、社会科学は必然的に解釈主義的にならざるをえないのである（Taylor 1985; Yoshida 2018, 1739）。主観的な意味づけを重視し、行動主義を批判する点では、テイラーの立場は第1章で言及したハイエクの見解に類似するところが見られる。しかし社会科学の仕事は単に主観的な事柄に注目するにとどまらず、行為の意図せざる結果を説明することであるとハイエクは主張した（Hayek 1943, 7-8; ハイエク [1952] 2011, 25）。それに対して、テイラーは行為の意図せざる結果にそれほど注意を払っていない。テイラーが行為の意図せざる結果に注目するのは、行為と結果が直接的に、そして明らかに関係している場合だけである（Taylor 1964, 31）。しかし、社会科学が対象とする意図せざる結果は直接的で、明らかなものに限られているわけではない（Yoshida 2014, 37）。この点でテイラーとハイエクの立場は明確に異なる。

4.4 ギアツの解釈人類学

　テイラーについてはここまでにして、最後にギアツはどのような立場を取っていたのかを見ていこう。ギアツは哲学者であるウィンチやテイラーとは異なり、インドネシアやモロッコを主なフィールドとしていた人類学者である。ギアツは自らの経験的研究に基づいて、解釈主義を支持するに至った。ギアツによれば、社会現象は自然現象を研究するのと同じやり方では研究できない。このように主張することによって、彼は社会科学と自然科学を区別した。今「社会科学」と述べたけれども、社会現象を科学的に研究することは不可能であるとギアツは主張した。ギアツによれば、社会現象の研究は文学や文芸批評などの人文学と融合しなければならない。ギアツは自らの人類学的立場を解釈人類学と名づけた。彼によればその目的は、自然科学が自然現象について行ったように、社会現象を法則の観点から説明することではなく、シンボルによって表される文化的な意味を解釈することである（ギアーツ [1973] 1987; ギアーツ

[1983] 1991; Yoshida 2018, 1739)。

　以上のように、それぞれに立場は異なるものの、社会現象は自然現象と同じ方法では研究できないという見解に基づいて、解釈主義者は自然主義を批判してきた。しかし既に述べたように、社会科学において現在主流となっているのは自然主義であり、解釈主義が広く受け入れられているとは言いがたい。もちろん、広く受け入れられていても、その立場が正しいとは限らない。ただ、自然主義に取って代わるものを解釈主義が提示できているのかについては疑問が残ると言わざるをえない。

5. 自然と規約の二分法とそれが見過ごしている第三のカテゴリー

　ここまで自然主義と解釈主義それぞれを紹介しながら、両者の対立について見てきた。この対立の起源を考えてみると、紀元前5世紀のソフィストにまで遡ることができる。彼らが議論していたのが、**自然と規約の二分法**である。そのため、この節ではまずこの二分法について見ていこう。

5.1 自然と規約の二分法

　この二分法によれば、古代ギリシア語で**ピュシス**と呼ばれる自然は必然的に・普遍的に正しいとされ、同じく古代ギリシア語で**ノモス**と呼ばれる規約は人工的でローカルな意味で正しいとされる。ソフィストの誰がこの二分法を言い出したのかについては諸説あるため必ずしも確定はしていないものの、ソフィストが活動していた時期に言い出されたのはほぼ間違いないと思われる（ハイニマン [1945] 1983）。

　ソフィストをはじめとする古代ギリシアの思想家たちは、様々な立場から自然や規約を論じてきた。例えば、規約を批判するために、人間が有する自然本性を引き合いに出す者もいた。その例としては、プラトンの対話篇『ゴルギア

ス』に登場するソフィストのカリクレスが挙げられる。カリクレスによれば、生まれながらに優れている者は自らの優位性を自己利益のために使うべきである。その反対に、ピュシスとしての人間本性を抑制するために、規約の重要性を主張する者もいる。クリティアスがその一人である。彼の考えでは、規約なしには人生は耐えがたく、秩序も存在しない。規約としてのノモスこそが人間と動物を分かつのである（McKirahan [1994] 2010, 411, 417-418）。

　このように、自然と規約の二分法の起源は非常に古いものの、自然科学と社会科学の成立にはこの二分法の影響を見て取れる。その意味で、この二分法はそれ以後の私たちの考え方を方向づけ、現在に至るまで影響を及ぼしている。この二分法にしたがう形で、自然を研究する分野として自然科学が、規約を研究する分野として社会科学が考えられてきた。

　自然主義と解釈主義の対立において重要な論点となっているのは、自然と規約に存在論的な違いを認めるのか、あるいは認めないのかという問題である。自然主義は自然と規約の間に存在論的な違いを認めないか、あるいは違いがあるとしても無視できると考える。そのため、規約は自然と同じ仕方で研究できることになる。また、極端な自然主義者の場合には、規約は自然に還元できると主張する。これに対して、解釈主義は自然と規約には存在論的に無視しがたい顕著な違いがあると考える。そのため、規約は自然とは異なる仕方で研究されなければならないことになる。したがって、自然主義と解釈主義の方法論上の対立と思われていたものは、実際には自然と規約に関する存在論的な立場の違いに由来しているのである（Yoshida 2014, 109）。

　このように自然主義と解釈主義の対立においては自然と規約の二分法が前提とされていた。しかし、そもそもこの二分法にはまったく問題がないのかを考えてみると、構図が一変することになる。ハイエクの考えでは、この二分法のために、見過ごされている第三のカテゴリーがある。それが行為の**意図せざる結果**である。ハイエクによれば、行為の意図せざる結果を説明することが社会科学の主要な目的である（ハイエク [1952] 2011, 25）。

5.2 行為の意図せざる結果

それでは、行為の**意図せざる結果**とはどのようなものなのだろうか。ハイエクによれば、自然と規約の二分法が意図していたのは、独立に存在する対象と人間の行為の結果である対象を区別すること、あるいは人間の設計から独立した対象と人間の設計の結果である対象を区別することだった。ところが、この二種類の区別がきちんと理解されなかった結果、ある現象が人間の行為の結果であるので人工的と理解されたり、あるいはその現象が人間の設計の結果ではないので自然的と考えられたりと混乱が生じてしまった。そこで、ハイエクは18世紀スコットランドの思想家アダム・ファーガソン（1723–1816）の「人間行為の結果であるが人間的設計の結果でないもの」という考えに言及することによって、二種類の区別によってはうまく捉えられない第三の現象を説明しようとした（ハイエク [1973] 2007, 30）。それが、行為の意図せざる結果である。ハイエクやその影響を受けたカール・ポパーにとって、意図せざる結果の具体例は言語であった。第1章2.6でも述べたように、ポパーは言語を社会制度として捉えていた。言語を使用するためには、人間の物理的・生物的・心理的基盤としての脳が必要である。その意味では、言語には自然の側面がある。しかし言語は地域や文化によって多種多様であるばかりでなく、様々な状況や人々の使い方に応じて変化してきたことも知られている。例えば、日本の古文と現代文の文法や言葉の違いが日本語を使ってきた人々の意図した結果ではないことは明らかだろう。その点では、言語に規約の側面があることも否定しがたい。つまり、言語は自然と規約のハイブリッドとでも呼ぶべき存在である（Jarvie 2016, 286）。

既に言及したスミス、ハイエク、そしてポパー以外に行為の意図せざる結果を主張していた論者としては、イタリアの政治思想家ニコロ・マキアヴェリ（1469–1527）、オランダ出身でイギリスの思想家バーナード・マンデヴィル（1670–1733）、そしてデイヴィッド・ヒューム（1711–1776）、スミスやファーガソンをはじめとする18世紀スコットランドの啓蒙思想家たち、マルクス、

そしてヴェーバーなどが主として考えられている（Merton 1936, 894, n. 1; Smith 2009, 10-11）。さらに、現代の代表的な論者としては、アメリカの社会学者ロバート・K・マートン（1910-2003）やフランスの社会学者レイモン・ブードン（1934-2013）などを挙げることができる（Merton 1936; マートン［1949］1961; Boudon［1977］1982）。

　このように多くの論者が行為の意図せざる結果について言及しており、その重要性は社会科学においても認められているように思われる。しかし、行為の意図せざる結果とは具体的にはどのようなものなのだろうか。ここではマートンが行為の意図せざる結果として挙げている例の中から分かりやすいものとして自己成就的・自己破壊的予言を見ていくことにしよう。

5.3 自己成就的予言

　まず**自己成就的予言**を簡単に説明すれば、事実に基づかない予言であるにもかかわらず、その予言をしたことによって予言が実現してしまうことである。マートンは、銀行の経営不振に関するうわさ話によって実際にその銀行の経営破綻が引き起こされてしまうという具体例を挙げている（マートン［1949］1961, 383-385）。これは日本で実際に似たような事例がある。それは1973年12月に発生した、愛知県豊川市の豊川信用金庫取りつけ騒ぎである。この騒ぎは、豊川信用金庫への就職が内定していた女子高校生が、その友人から「信用金庫は危ない」とからかわれたことに始まる。この発言は必ずしも豊川信用金庫の経営状態を話題としていたわけではないけれども、それがデマとなって広がり、実際に引き出された預金高はおよそ20億円、引き出した延べ人数は6千6百人に及ぶ、取り付け騒ぎとなった（伊藤・小川・榊 1974）。

5.4 自己破壊的予言

　もう一つの**自己破壊的予言**とは、予言をすることによって、その予言に影響

されて予言したことが実現しなくなってしまうことである。例えば、予言が必ず的中すると評判の占い師のところにいった受験生が志望校に必ず合格すると言われた結果、その予言を信じて安心して勉強をしなくなり、志望校に不合格となってしまうという具体例が考えられる。

　以上のような自己成就的予言や自己破壊的予言はあくまでも一例にすぎないものの、こうした意図せざる結果を説明することが社会科学の主要な目的の一つである。しかし、自然主義と解釈主義のどちらも意図せざる結果を説明するという点に関しては不十分である。この点については最後にキングズ・クロス駅火災事故の事例に即して検討することにして、その前に予言と関係のある予測の問題について確認してみよう。

6. 予測にまつわる方法論的問題と方法の単一性

　ここまで自然と規約の二分法とそれによって見過ごされている第三のカテゴリーとして行為の意図せざる結果を取り上げ、その例として自己成就的予言と自己破壊的予言を紹介した。この二つの予言は社会科学と自然科学との違いを強調するために、しばしば引き合いに出される。その理由は、自然科学における予測は未来の出来事に影響しないにもかかわらず、社会科学における予測は未来に影響を及ぼすと考えられているからである。この予測の非対称性の問題は社会科学に関心を持つ研究者の多くが認識しており、解釈主義者の中には自説を補強するためにこの点を使う者もいる（Yoshida 2014, 113）。もちろん、社会科学と自然科学に全く違いがないとは言えない。しかし、予測の非対称性を利用して社会科学と自然科学の違いを誇張するのも問題がある。その点で参考になるのは、ドイツの物理学者ヴェルナー・ハイゼンベルク（1901-1976）が示したことで知られる不確定性原理である。ハイゼンベルクの不確定性原理は、粒子の位置と運動量を同時に、また正確に測定することができないことを示したと言われている。確かに最近では、小澤正直（1950-）をはじめとする

数学者や物理学者によって、不確定性原理の修正が迫られている。こうした研究によれば、小澤の不等式が満たす範囲内ではあるものの、ハイゼンベルクの不確定性原理によって示されていた限界を超えて、粒子の位置と運動量を同時に、また正確に測定することが可能であるとされる（小澤 2018, 39-73）。しかし、これも長年にわたる、理論的・実験的研究の成果であって、はじめから想定すべき事柄ではない。その意味では、社会科学と自然科学の違いを予測の非対称性に求めるのは無理があり、両者の違いは程度の問題と考えるべきだろう（Yoshida 2014, 114）。

6.1 社会科学の予測と実践面の問題

　先に示したように、社会科学と自然科学の違いが程度の問題であるとしても、社会科学の予測が将来に影響することには実践面と客観性に関して二つの問題があるように思われる。まず、実践面については、社会科学者の予測や政策立案が意図せざる結果のせいで、将来に影響してしまうとしたら、社会科学者はそもそも口をつぐんでいなければならないのかが問題になる。このような考え自体が極端であることは言うまでもないけれども、マルクス主義のように理想的な社会の青写真を掲げて一気に変革を図るのも問題がある。なぜなら、行為には意図せざる結果が伴う以上、性急な社会変革は私たちの予想や期待を超えた結果をもたらしかねず、しかもその結果が望ましいとは限らないからである。その意味では、社会政策は漸進的に行われる必要があると論じたポパーに分があるだろう（ポパー [1957] 2013, 118-120; Yoshida 2014, 114-115）。

6.2 社会科学の予測と客観性の問題

　もう一つの問題は客観性の問題である。それは、社会科学の予測が将来に影響を与えられるとしたら、社会科学者は自分が望ましいと思う方向に影響を与えようとするのではないか、そしてそれによって社会科学の客観性は損なわれ

るのではないかというものである。確かに、そうした問題が存在することは否定しがたい。社会科学の客観性については価値自由を論じる第5章において詳しく検討することになるけれども、ヴェーバーが価値自由によって主張したように、個々人の態度によって客観性を確保しようとするのは問題がある。それでは、社会科学の客観性を社会科学者個々人の態度に委ねることになってしまう。むしろ、間主観的な批判を可能にする制度を整備することによって客観性を確保することが望ましい。しかし、これは社会科学にだけ当てはまることではなく、自然科学においても同じことが言える。自然科学においても何をどのように研究するのかについて科学者の主観が入り込む余地がある以上、自然科学と社会科学との間で明確に線を引くのは難しいと思われる。

6.3 自然主義と解釈主義の対立

　ここまで社会科学と自然科学の違いについて、予測がもたらす二つの問題について述べてきた。それでは、自然主義と解釈主義の対立をどのように考えるのが適切だろうか。ここまで述べてきたところから、社会科学と自然科学の違いは程度の問題であると言える。しかし程度の問題ではあっても、両者に違いがあるため、社会科学を自然科学に還元することにも無理がある。ここで重要となるのは、社会科学と自然科学の方法の単一性である。方法の単一性は、社会科学が自然科学の方法をそのまま模倣することを意味するわけではない。むしろ、科学的方法の最低条件としての**推測と反駁の方法**が重要である。第1章2.6でも述べたように、推測と反駁の方法は、科学理論は最低条件として反証可能性を備えていなければならないことを意味する（ポパー［1959］1971-1972）。もちろん、最低条件では、様々な疑似科学を排除できないので、反証可能性以外にもさらに厳しい条件をつけた方が良いのではないかという考えもありうる。しかし歴史的に見てみれば、科学としての地位を確立している分野にしてもはじめからそうした条件を満たしていたとは言えない。そうだとすれば、最低条件だけを設けておいて、絶えざる批判という形でふるいにかけ続け

る方が適切だろう。

7. 行為の意図せざる結果を説明するための状況分析

　最低条件だけを設けることによって方法が一つであるとしても、社会科学と自然科学には違いがあり、社会科学の目的は行為の意図せざる結果を説明することだとすると、それはどのように達成されるのだろうか。その点を説明するために、この章の冒頭に紹介したキングズ・クロス駅火災事故に戻ってみよう。自然主義と解釈主義のどちらも、マッチの投げ捨てという行為の意図せざる結果としての火災事故を説明するには不十分であると言わざるをえない。自然主義では物理主義や行動主義がそうであるように、火災発生時に安全に乗降客を避難させるためにどのような訓練を駅員は受けていたのかなどの社会制度のあり方について十分に説明することが難しい。他方で、解釈主義は行為者の主観的な理解に焦点を当てるため、乗降客、駅員、消防、そして警察などのそれぞれの行為者が意図していない事柄には目が行き届かない。もちろん、解釈主義者の中には、行為の意図せざる結果の存在を認識している者もいる。しかし、その場合でも、行為の意図せざる結果は行為に言及することで、そして行為は行為者の意図や信念に言及することで説明可能であると述べられている（Bevir and Rhodes 2006, 401）。そのため、行為者が意図しない事柄については必ずしも目が行き届かないという問題については未解決のままである。それでは、自然主義でも解釈主義でもうまく行かないとしたら、どうしたら良いのだろうか。

7.1 ポパーの状況分析

　ここではその手がかりとして、ポパーが**状況分析**と呼ぶ考え方を紹介したい。ポパーは第 1 章でも述べた方法論的個人主義の観点からこの状況分析を提案している。この状況分析においては、合理性原理という仮定が置かれている。

この合理性原理によれば、行為者は自分の状況に適した仕方で常に行為しようとするとされる。もちろん、合理性原理は経験的に正しいものではない。しかし、この原理を仮定したモデルを構築することによって、モデルと現実との違いを際立たせようとするのがポパーの意図である（Popper [1967] 1985; ポパー [1994] 1998; 小河原 1997, 166-167）。その際、ポパーが念頭に置いているのはヴェーバーの**理念型**である。ヴェーバーによれば、理念型は純粋な形で経験的に発見されるものではない。しかしそれは仮説を構成する際に方向づけをしてくれる、一種のユートピアである。このユートピアと現実を照らし合わせることによって、理念型からの現実の隔たりを明らかにできる（ヴェーバー [1904] 1998, 112-113）。当然のことながら、経験的に正しくない仮定に基づいて理論を構築しても現実を説明できないとしたら、そうした理論には何の意味があるのかという批判が考えられる。この問題については第3章で検討するためそちらに譲ることにして、ここでは状況分析がどのようなものなのかを見ていくことにしよう。

　例えば、電車に乗るために交通量の多い道を渡ろうとするリチャードの状況を考えてみよう。状況分析において、リチャードの動きの説明に必要なのは次の通りである。

1. 乗り物や他の歩行者の存在
2. 交通ルールや信号などの社会制度
3. リチャードが電車に乗るための目的、それから社会制度に関する、彼の知識や状況

　リチャードの目的・知識・状況を彼の動きの説明に取り入れている点で、状況分析は行動主義とは明確に異なる。しかし、リチャードの目的・知識・状況を解釈主義のように彼自身の身になって主観的な観点から捉える必要もない。むしろここでは、リチャードの目的や知識を心理学的事実としてではなく、客観的な問題状況の要素として捉えることが意図されている（ポパー [1994]

1998, 288-292)。つまり、解釈主義と状況分析の違いは、目的・知識・状況を
主観的な観点から捉えるか、あるいは客観的な問題状況の要素として捉えるか
にある。状況分析においては、電車に間に合わせるという実際の心理学的な目
的は無関係なものとなり、必要とされるのは安全に、しかも素早く道路を渡る
という状況における目的だけになる。その意味で、解釈主義的アプローチは余
計になるか、あるいはかなり単純化されるとポパーは論じている（ポパー
［1984］1995, 267 注5）。こうして、状況分析は理念型がそうであるように、現
実の合理的再構成であり、意図せざる結果を説明するのに役立てることができ
る。

7.2 キングズ・クロス駅火災事故への状況分析の応用

　こうした状況分析の考え方をキングズ・クロス駅での火災事故に当てはめる
と、説明に必要と思われるのは網羅的ではないかもしれないけれども次の通り
である（Jarvie 2013, 875）。

　　1. マッチに火をつけて投げ捨てた人物の目的・知識・状況
　　2. 駅構内やエスカレーターの物理学的・工学的状況
　　3. 火災発生時の駅・警察・消防の防災体制・訓練の状況
　　4. 乗降客・駅員・消防・警察の火災発生時の目的とこうした関係者の客観
　　　的状況の理解
　　5. その他

　リチャードの目的・知識・状況について述べたところからも分かるように、
1の火のついたマッチを投げ捨てたと考えられる人物の目的・知識・状況につ
いては本人が特定できない以上、あくまでも仮説でしかない。状況分析におい
ては、その人物はたばこに火をつけた後で無造作に投げ捨てたと想定されてい
る。もちろん、その人物が火災を起こすつもりで意図的に火をつけた可能性も

ないわけではない。しかしこれまでも同じようなボヤ騒ぎがあったことや現場検証の結果、マッチの燃えカスやたばこの吸殻が発見されたことから判断すると、意図的に火をつけた可能性は高くないと思われる。いずれにしても、火のついたままのマッチを投げ捨てた人物を探し出して、その人物の本当の意図や目的を主観的に解明することは難しい。しかもそれが判明したところで、それだけでは事故の説明には不十分である。同じことは、乗降客をはじめとした関係者の心理的状況についても言える。関係者それぞれの意図や目的をつぶさに調べあげたところで、それだけで事故を説明できるわけではない。それが行為者の目的・知識・状況を客観的な問題状況の要素として捉えることの意味である。

　この章の冒頭でも述べた通り、キングズ・クロス駅火災事故は火のついたマッチを木製エスカレーターに放り投げるというこれまでにも行われていた行為が様々な物理学的・工学的・心理的・社会的要因の絡んだ客観的状況において大惨事を招いたというものだった。こうした意図せざる結果を適切に説明し、再発防止のための対策を検討するために、状況分析を役立てることができるだろう。

8. おわりに

　この章では、社会科学と自然科学の方法の違いについて、自然主義と解釈主義の対立を踏まえて検討してきた。自然主義は社会現象も自然現象と同じやり方で研究することができると考えたのに対して、解釈主義は社会現象を研究するには自然科学とは別の方法が必要であると主張した。この対立の背景には、古代ギリシアに由来する自然と規約の二分法が潜んでいた。しかし、この二分法によって見過ごされている第三のカテゴリーがある。それが行為の意図せざる結果である。この行為の意図せざる結果を説明することが社会科学の主要な目的の一つである。この章の冒頭で取り上げたロンドン地下鉄キングズ・クロス駅火災事故は、マッチの投げ捨てという行為の意図せざる結果とまさしく呼

ぶことができる。しかし、自然主義と解釈主義のどちらもそれぞれが抱える難
点のため、この事故を適切に説明することができない。その意味で、両方とも
社会科学の方法としては不適切である。そこで自然主義と解釈主義に代わっ
て、行為の意図せざる結果を説明するための方法として、状況分析を紹介した。
それ以外に意図せざる結果を説明する方法はないとまでは言えない。しかし、
状況分析にかなりの有効性があることは見て取れるだろう。このような観点か
ら社会現象についてより良い説明ができるようになることが今後の社会科学に
おいて必要となると言えよう。

読書案内
　論理実証主義に至るまでの科学哲学史については、伊勢田（2018）『科
学哲学の源流をたどる』が背景知識を与えてくれる。論理実証主義以降
の科学哲学については入門書が無数にあるけれども、筆者自身の好みは
序章の読書案内でも紹介した Godfrey-Smith (2003) *Theory and Reality* で
ある。コントについては主著『実証哲学講義』の全訳がまだ出版されて
おらず、専門家でない者にとっては『世界の名著　46』に所収の論考な
どに頼らざるをえないのが残念である。行動主義心理学については、ワ
トソン（[1924] 2017）『行動主義の心理学』とスキナー（[1971] 2013）『自
由と尊厳を超えて』が役に立つだろう。クーンのパラダイム論について
は『科学革命の構造』が必読である。ただ、日本語訳は研究者からの評
判が良いとは必ずしも言えないので、原文で読むことをお勧めする。原
著の最新版は Kuhn ([1962] 2012) *The Structure of Scientific Revolutions* で
ある。パラダイム論が社会科学者にどのように受容されたかについては、
Wray (2017) "Kuhn's Influence on the Social Sciences" がマサチューセッ
ツ工科大学図書館クーン文庫での調査に基づいており、役に立つ。日本
語で読めるクーン入門書としては、野家（[1998] 2008）『パラダイムと
は何か』がある。進化心理学については、若干古くなってしまったかも
しれないけれども、長谷川・長谷川（2000）『進化と人間行動』が参考に
なる。ウィンチとギアツの著作はかなり翻訳されているので興味のある

方はそちらをご覧いただければ良いだろう。ウィンチの立場を社会科学を否定するものとして解釈したものに、Hutchinson, Read, and Sharrock (2008) *There Is No Such Thing as a Social Science* がある。テイラーの政治哲学の著作はかなり翻訳されているけれども、彼の社会科学の哲学については翻訳されていないので、関心を持つ読者は Taylor (1964) *The Explanation of Behaviour* と Taylor (1985) *Philosophy and the Human Sciences* を読む必要がある。特に、後者に収められている "Interpretation and the Sciences of Man" は解釈主義に関する重要文献である。ウィンチ、テイラー、そしてギアツに関する筆者の見解は Yoshida (2014) *Rationality and Cultural Interpretivism* の第2章から第4章をご覧いただきたい。また、ここでは十分に紹介できなかった、政治学における解釈主義は、Bevir and Blakely (2018) *Interpretive Social Science* を参照のこと。ただし、ビーヴァーとブレイクリーは哲学的にはガダマーやテイラーに依拠しているため、英語の苦手な読者は日本語に翻訳されているガダマーやテイラーの著作を読めば基本的な考え方を理解できるはずである。また議論の内容から判断すると不思議なことに、ビーヴァーたちはヴェーバー、ハイエク、そしてポパーについて検討していない。ビーヴァーたちの解釈主義を日本語で紹介したものとしては、小堀（2019）『英国議会「自由な解散」神話』第1部がある。しかし、小堀の哲学用語の使い方は独特なので注意が必要である。自然と規約の二分法の起源はハイニマン（[1945] 1983）『ノモスとピュシス』を参照されたい。行為の意図せざる結果、特に自己成就的予言と自己破壊的予言については、Merton (1936) "The Unanticipated Consequences of Purposive Social Action" と マ ー ト ン（[1949] 1961）「予言の自己成就」を読むべきである。また、現実に起こった具体例としては、伊藤・小川・榊（1974）「デマの研究」が参考になるだろう。ポパーの科学哲学については、ポパー（[1959] 1971-1972）『科学的発見の論理』を、状況分析についてはポパー（[1994] 1998）「モデル、道具、真理」を参照されたい。

参考文献

安孫子信（2007）「コント」『哲学の歴史 8——社会の哲学』、伊藤邦武責任編集、111-166、中央公論新社

伊勢田哲治（2018）『科学哲学の源流をたどる——研究伝統の百年史』、ミネルヴァ書房

伊藤陽一・小川浩一・榊博文（1974）「デマの研究——愛知県豊川信用金庫"取り付け"騒ぎの現地調査」『総合ジャーナリズム研究』69: 70-80, 70: 100-111

ウィンチ、P.（[1958] 1977）『社会科学の理念——ウィトゲンシュタイン哲学と社会研究』、森川真規雄訳、新曜社

ウィンチ、P.（[1972] 1987）「未開社会の理解」『倫理と行為』、奥雅博・松本洋之訳、10-66、勁草書房

ヴェーバー、M.（[1904] 1998）『社会科学と社会政策にかかわる認識の「客観性」』、富永祐治・立野保男訳、折原浩補訳、岩波書店

小澤正直（2018）『量子と情報——量子の実在と不確定性原理』、青土社

ガダマー、H.-G.（[1960] 1986-2012）『真理と方法』全 3 巻、轡田收他訳、法政大学出版局

ギアーツ、C.（[1973] 1987）『文化の解釈学』全 2 巻、吉田禎吾・柳川啓一・中牧弘允・板橋作美訳、岩波書店

ギアーツ、C.（[1983] 1991）『ローカル・ノレッジ——解釈人類学論集』、梶原景昭・小泉潤二・山下晋司・山下淑美訳、岩波書店

桑田学（2017）「オットー・ノイラートにおける物理主義と経済科学」『立教経済学研究』70 (3): 1-23

クーン、T. S.（[1970] 1990）「発見の論理か研究の心理学か」『批判と知識の成長』、I・ラカトシュ／A・マスグレーヴ編、森博監訳、9-39、木鐸社

クーン、T. S.（[2000] 2008）「自然科学と人間科学」『構造以来の道——哲学論集　1970-1993』、佐々木力訳、279-289、みすず書房

小河原誠（1997）『ポパー——批判的合理主義』、講談社

小堀眞裕（2019）『英国議会「自由な解散」神話——解釈主義政治学からの一元型議院内閣制論批判』、晃洋書房

コント、A.（[1844] 1980）「実証精神論」『世界の名著　46——コント

スペンサー』、清水幾太郎責任編集、霧生和夫訳、141-233、中央公論新社

スキナー、B. F.（[1971] 2013）『自由と尊厳を超えて』、山形浩生訳、春風社

デュルケーム、E.（[1895] 2018）『社会学的方法の規準』、菊谷和宏訳、講談社

野家啓一（[1998] 2008）『パラダイムとは何か——クーンの科学史革命』、講談社

野家啓一（2001）「「実証主義」の興亡——科学哲学の視点から」『理論と方法』16 (1): 3-17

ハイエク、F. A.（[1952] 2011）『科学による反革命』、渡辺幹雄訳、春秋社

ハイエク、F. A.（[1973] 2007）『法と立法と自由I——ルールと秩序』、矢島鈞次・水吉俊彦訳、春秋社

ハイニマン、F.（[1945] 1983）『ノモスとピュシス——ギリシア思想におけるその起源と意味』、廣川洋一・玉井治・矢内光一訳、みすず書房

長谷川寿一・長谷川眞理子（2000）『進化と人間行動』、東京大学出版会

ピンカー、S.（[2002] 2004）『人間の本性を考える——心は「空白の石版」か』全3巻、山下篤子訳、NHK出版

フラー、S.（[2000] 2009）『我らの時代のための哲学史——トーマス・クーン／冷戦保守思想としてのパラダイム論』、中島秀人監訳、梶雅範・三宅苞訳、海鳴社

ポパー、K. R.（[1957] 2013）『歴史主義の貧困』、岩坂彰訳、日経BP

ポパー、K. R.（[1959] 1971-1972）『科学的発見の論理』全2巻、大内義一・森博訳、恒星社厚生閣

ポパー、K. R.（[1984] 1995）「歴史的理解についての客観的理論」『よりよき世界を求めて』、小河原誠・蔭山泰之訳、253-267、未來社

ポパー、K. R.（[1994] 1998）「モデル、道具、真理——社会科学における合理性原理の身分」『フレームワークの神話——科学と合理性の擁護』、M・A・ナッターノ編、ポパー哲学研究会訳、266-314、未來社

マートン、R. K.（[1949] 1961）「予言の自己成就」『社会理論と社会構造』、

森東吾・森好夫・金沢実・中島竜太郎訳、382-398、みすず書房

ミル、J. S.（［1843］2020）『論理学体系4』、江口聡・佐々木憲介編訳、京都大学学術出版会

ワトソン、J. B.（［1924］2017）『行動主義の心理学』、安田一郎訳、ちとせプレス

Almond, G. A. (1966) "Political Theory and Political Science." *American Political Science Review* 60 (4): 869-879.

Badcock, C. (2000) *Evolutionary Psychology: A Critical Introduction.* Cambridge, UK: Polity Press.

Bevir, M., and J. Blakely (2018) *Interpretive Social Science: An Anti-Naturalist Approach.* Oxford: Oxford University Press.

Bevir, M., and R. A. W. Rhodes (2006) "Disaggregating Structures as an Agenda for Critical Realism: A Reply to McAnulla." *British Politics* 1 (4): 397-403.

Boudon, R. ([1977] 1982) *The Unintended Consequences of Social Action.* London: Macmillan.

Bryant, C. G. A. (1985) *Positivism in Social Theory and Research.* Houndmills, UK: Macmillan.

Clarke, K. A., and D. M. Primo (2012) "Overcoming 'Physics Envy.'" *New York Times Sunday Review,* March 30. https://www.nytimes.com/2012/04/01/opinion/sunday/the-social-sciences-physics-envy.html (Accessed April 30, 2021).

Fennell, D. (1988) *Investigation into the King's Cross Underground Fire.* London: Her Majesty's Stationery Office.

Godfrey-Smith, P. (2003) *Theory and Reality: An Introduction to the Philosophy of Science.* Chicago: University of Chicago Press.

Graham, G. ([2000] 2019) "Behaviorism." In *Stanford Encyclopedia of Philosophy,* edited by E. N. Zalta. https://plato.stanford.edu/entries/behaviorism/ (Accessed April 30, 2021).

Hayek, F. A. (1943) "The Facts of the Social Sciences." *Ethics* 54 (1): 1-13.

Hutchinson, P., R. Read, and W. Sharrock (2008) *There Is No Such Thing as a Social Science: In Defence of Peter Winch.* Aldershot, UK: Ashgate.

Jarvie, I. C. (2013) "Situational Logic." In *Encyclopedia of Philosophy and the Social Sciences*, edited by B. Kaldis, 874–876. Thousand Oaks, CA: SAGE.

Jarvie, I. C. (2016) "Popper's Philosophy and the Methodology of Social Science." In *The Cambridge Companion to Popper*, edited by J. Shearmur and G. Stokes, 284–317. New York: Cambridge University Press.

Kuhn, T. S. ([1962] 2012) *The Structure of Scientific Revolutions*. 4th ed. Chicago: University of Chicago Press.

McKirahan, R. D. ([1994] 2010) *Philosophy before Socrates: An Introduction with Texts and Commentary*. 2nd ed. Indianapolis, IN: Hackett.

Merton, R. K. (1936) "The Unanticipated Consequences of Purposive Social Action." *American Sociological Review* 1 (6): 894–904.

Neurath, O. ([1931] 1983) "Sociology in the Framework of Physicalism." In *Philosophical Papers 1913–1946*, edited and translated by R. S. Cohen and M. Neurath, 58–90. Dordrecht, the Netherlands: D. Reidel.

Popper, K. R. ([1967] 1985) "The Rationality Principle." In *Popper Selections*, edited by D. Miller, 357–365. Princeton, NJ: Princeton University Press.

Ritzer, G. (1975) "Sociology: A Multiple Paradigm Science." *American Sociologist* 10 (3): 156–167.

Rosenberg, A. ([1988] 2016) *Philosophy of Social Science*. 5th ed. Boulder, CO: Westview Press.

Schmaus, W. (2017) "Durkheim and the Methods of Scientific Sociology." In *The Routledge Companion to Philosophy of Social Science*, edited by L. McIntyre and A. Rosenberg, 18–28. New York: Routledge.

Smith, C. (2009) "The Scottish Enlightenment, Unintended Consequences and the Science of Man." *Journal of Scottish Philosophy* 7 (1): 9–28.

Taylor, C. (1964) *The Explanation of Behaviour*. London: Routledge & Kegan Paul.

Taylor, C. (1985) *Philosophy and the Human Sciences*. Cambridge, UK: Cambridge University Press.

Taylor, C. (2002) "Gadamer on the Human Sciences." In *The Cambridge Companion to Gadamer*, edited by R. J. Dostal, 126–142. Cambridge, UK: Cambridge University Press.

Truman, D. B. (1965) "Disillusion and Regeneration: The Quest for a Discipline." *American Political Science Review* 59 (4): 865–873.

Udehn, L. (2001) *Methodological Individualism: Background, History, and Meaning*. London: Routledge.

Wray, K. B. (2017) "Kuhn's Influence on the Social Sciences." In *The Routledge Companion to Philosophy of Social Science*, edited by L. McIntyre and A. Rosenberg, 65–75. New York: Routledge.

Yoshida, K. (2014) *Rationality and Cultural Interpretivism: A Critical Assessment of Failed Solutions*. Lanham, MD: Lexington Books.

Yoshida, K. (2018) "Philosophy of Social Sciences." In *The Wiley Blackwell Encyclopedia of Social Theory*, edited by B. S. Turner, Chang K.-S., C. Epstein, P. Kivisto, W. Outhwaite, and J. M. Ryan, 1737–1742. Chichester, UK: Wiley Blackwell.

第3章
社会科学の理論は何のためにあるのか

1. はじめに

　第2章では、社会科学の方法と目的を検討して、行為の意図せざる結果を説明するための方法として状況分析の考え方を紹介してきた。そこでは合理性原理という経験的に正しくない仮定が置かれていた。社会科学においては合理性原理以外にも経験的に正しくない仮定が置かれていることがある。その中でも代表的なものが標準的経済学における**合理的経済人**という仮定である。この章では、理論に合理的経済人のような仮定を置くことに潜む問題点を吟味することによって、社会科学の理論がそもそも何のためにあるのかを考察していきたい。しかし、合理的経済人という仮定と言われてもなかなかピンとこない読者もいるだろう。そこで次のような問題について少し考えてみて、自分だったらどうするかを紙に書き留めてみてほしい。

　　あなたは1000円渡され、見知らぬ誰かと分けるようにと言われた。自分の分として全額手元に置いてもいいし、一部を自分で取り、残りを相手に渡してもよい。ただし相手には拒否権があり、相手がその額を受諾したらあなたの提案どおりに分配されるが、相手がそれを拒否したら2人とも一銭ももらえないとする。あなたなら相手にいくら渡すと提案するだろうか？（友野 2006, 14）

　この問題が何を意味しているのかについては後ほど見ていくことになるけれども、この章で扱うことになるのは、実在論と道具主義の対立である。**実在論**によれば、科学理論は予測や説明のための単なる道具ではなく、客観的真理を捉えようとするものである。これに対して、**道具主義**によれば、科学理論は予測や説明のための便利な道具でしかない。経験的に正しくない仮定を置くことは実在論からすれば問題になりうる。しかし道具主義からすると問題にならない。なぜなら、道具主義にとっては仮定が経験的に正しくなくても、問題なく予測や説明ができていれば良いからである。もちろん、経験的に正しくない仮定を置いたとしても直ちに道具主義を意味するわけではない。さもなければ、合理性原理を擁護したカール・ポパーも道具主義者になってしまうだろう。しかしポパーは実在論を強硬に擁護したことで知られている。いずれにしても、実在論の観点からすれば、理論に経験的に正しくない仮定が含まれていても問題はないのかという論点は避けることはできない。この意味で、理論における経験的に正しくない仮定の位置づけを考察することは取りも直さず理論や科学的研究をどのように捉えるのかという問題に関わっている。

2. 一般科学哲学における実在論と反実在論の論争

　合理的経済人の仮定をめぐる問題を検討する前に、一般科学哲学における実在論と反実在論の論争を確認しておきたい。この一般科学哲学とは、様々な個別科学を超えた全般的な問題を扱う科学哲学のことである。そして、反実在論とは実在論に反対する立場の総称であり、その中には多様な立場が含まれている。先ほど挙げた道具主義は反実在論の一種である。その論点全てが合理的経済人に関する問題に直結しているわけではないけれども、一般科学哲学における論争を確認することによって、この章で扱う実在論や道具主義が何を問題としているのか理解してもらえるはずである。

　一般科学哲学において、実在論と反実在論は観察不可能な対象を仮定する理論をめぐって論争を繰り広げている。実在論からすれば、科学理論は客観的真

理を目指している以上、観察可能な対象と観察不可能な対象の区別は問題にならない。それに対して、反実在論によれば、科学理論が問題とするのは観察可能な対象についての真理だけであり、観察不可能な対象についてその真偽は問題にならない。

2.1 観察可能な対象と観察不可能な対象

　それでは、観察可能な対象と観察不可能な対象とはどのようなものを指しているのだろうか。観察可能な対象とされるのは、物理的存在や自然現象など、日常世界に存在し直接に知覚できるものであり、それ以外のものが観察不可能な対象とされる。科学には観察可能な対象を扱う分野もあれば、観察不可能な対象を扱う分野もある。前者については争点とはならないけれども、争点となるのは後者の分野である。観察不可能な対象を扱う理論を、実在論者は真理を捉えるためにあるとみなすのに対して、反実在論者は観察可能な現象を予測するためにあると考える。反実在論の主張を理解する上で参考になるのは、気体分子運動論である。気体分子運動論によれば、気体には運動する分子が含まれているけれども、私たちには観察できない。しかし、理論から様々な帰結を演繹することができ、それを実験で確かめることができる。運動する分子が本当に含まれているかは反実在論にとっては問題ではない。少なくとも、気体分子運動論は観察可能な現象を予測するのに役立っており、反実在論にとってはそれで十分だからである（オカーシャ［2002］2008, 73-75）。

2.2 奇跡論法

　反実在論に対しては、観察不可能な対象についての理論が正しくないとしたら、その対象に言及している科学理論の目覚ましい成果をどのように説明するのかという反論が実在論者から提出されている。単なるまぐれ当たりならば、反実在論は奇跡を信じるのと何が違うのかと実在論者は論じる。こうした議論

は**奇跡論法**という名称で知られている（オカーシャ [2002] 2008, 79; 伊勢田 2003, 124-126; 戸田山 2005, 164-166）。

　このような反論に対して、正しいと思われていた科学理論も後に反証されることがあるのだから、実在論者の主張は受け入れられないと反実在論者から再反論が行われている。その中でよく知られているのは、アメリカの科学哲学者ラリー・ラウダン（1941-）によるものである。彼は科学史上の様々な例を挙げて、実在論が受け入れがたいことを示そうとしている。その例の一つに、物体の燃焼に関するフロギストン説がある。フロギストン説によれば、物体の燃焼中にフロギストンが放出されることになっており、この説は経験的にも成功していた。しかし、現代では物体の燃焼は酸素との結びつきによって説明され、フロギストンは存在しないことが知られている。ここから、理論が経験的に成功していても、理論が正しい、つまり、そこで扱われている観察不可能な対象が実在するとは言えないことになる。そのため、反実在論者は観察不可能な対象については不可知論の立場が望ましいと論じるのである（Laudan 1981; オカーシャ [2002] 2008, 80-81）。

2.3 観察可能な対象と観察不可能な対象の区別

　実在論と反実在論の論争で最も重視されているのが、観察可能な対象と観察不可能な対象の区別である。反実在論者の議論においては、これら二つの対象は明確に区別できるものと考えられてきた。しかし、実在論者はこの区別が明確には成り立たないことを指摘することによって、反実在論を批判しようとする。実在論者による議論で最も知られているのは、アメリカの科学哲学者グローヴァー・マックスウェル（1918-1981）のものである。彼によれば、物を見るのは切れ目のない連続的な出来事で、観察可能であるかないかを明確に区別することはできない。私たちは物を見る際に、肉眼で見たり、窓ガラス越しに見たり、眼鏡をかけて見たり、双眼鏡で見たり、そして顕微鏡で見たりする（Maxwell 1962, 7）。科学的研究についても同じことが言える。科学者は霧箱の

ような特殊な装置を使って電子を検知したりするけれども、電子が肉眼で観察
できないのは明らかである。それでは、この装置によって検知された電子は観
察不可能なことになるのだろうか。オランダ生まれで、アメリカで活動する科
学哲学者バス・ファン・フラーセン（1941-）は、こうした議論が示している
のは単に観察可能という概念が曖昧であることにすぎず、曖昧だとしても区別
そのものが存在しないわけではないと論じた。彼によれば、霧箱を用いて電子
を検知したとしても、それはやはり電子が観察されたとは言えないのである
（ファン・フラーセン [1980] 1986, 46-48; オカーシャ [2002] 2008, 84-89）。

2.4 理論の決定不全性

　実在論と反実在論の論争でもう一つ重要な争点となっているのが、**決定不全
性**、あるいは**過小決定**と呼ばれる問題である。この問題は科学理論と観察事実
の関係に注目したものである。この理論の決定不全性によれば、科学理論から
導き出された予測が実験から支持されたとしても、それは観察不可能な対象の
実在を示したことにならない。なぜなら互いに対立するけれども、得られた結
果を説明するような科学理論が複数ありうるからである。そのため、観察デー
タはどの理論が正しいのか決定できない。言い換えると、同一の現象を説明す
る複数の理論の中でどれが正しいかを決定することができなくなる。そこから
観察不可能な対象についての理論の真偽を保留する不可知論的な態度が導き出
されることになる。
　こうした議論に対しては、実在論者も確かに同一の現象を説明する複数の理
論がありうる可能性を認めるものの、どれが優れているかを決定する方法がな
いわけではないと反論する。実在論によれば、観察事実との一致以外にも、単
純性や説得力などの基準を用いれば理論間の優劣を決定できるのである。
　これに対して、反実在論者は単純な理論が常に正しいとは限らず、複数ある
理論のどれが正しいかを決める方法はないと言い張る。しかし、実在論者も次
のように応答する。観察不可能な対象に関する理論だけ決定できないかのよう

に反実在論者は主張するけれども、その議論を徹底すれば観察可能な対象に関する理論についても同じように決定できないのではないか。そうだとすれば、私たちは観察可能な対象についての知識も得られないことになるけれども、そんなはずはないではないか、と。このように理論の決定不全性についても双方の議論の応酬が続いており、最終的な結論には到達していないのが現状である（オカーシャ[2002] 2008, 89-96）。

3. 合理的経済人の起源とサイモンの批判

　ここまでで、一般科学哲学において実在論や反実在論が何を論じてきたのか理解してもらえたのではないかと思われる。それでは、本題に戻り、**合理的経済人**とはどのような仮定なのかを確認していこう。合理的経済人とは標準的経済学における基本的な仮定である。それによれば、行為者は合理的で、自己利益に関心を持ち、感情的には振る舞わないとされる。さらに行為者は自らの効用を最大化するために行為するとみなされる（友野 2006, 14-18; 依田 2016, 12-14）。ここでいう効用とはおおよそ主観的な満足を意味する。この仮定の源泉をアダム・スミスに求めることもよくある。しかし、この用語を考え出したのは、ジョン・スチュアート・ミルを批判した、アイルランドの経済学者ジョン・ケルズ・イングラム（1823-1907）やイギリスの経済学者ジョン・ネヴィル・ケインズ（1852-1949、ジョン・メイナード・ケインズの父）と言われている。彼らはこの用語をミルの政治経済学における人間観を批判するために用いた。批判者たちによれば、ミルの人間観では人間は富だけを求めるような存在で、現実の血の通った人間からはかけ離れたものである（Persky 1995, 222）。ミルの人間観は狭いという批判者たちの指摘については解釈の問題になるのでここでは踏み込んで考察はしないけれども、合理的経済人という仮定はその後の経済学において広く用いられるようになって現在に至っている。

3.1 サイモンの限定合理性

　もちろん、合理的経済人という仮定には以前から批判がなかったわけではない。例えば、後に言及する行動経済学の先駆けの一人であり、政治学、経済学、そして経営学など幅広い分野に及ぶ研究で知られる、アメリカのハーバート・サイモン（1916-2001）は合理的経済人によって示されている合理性概念を批判し、それに代わるものとして**限定合理性**という概念を提案した。合理的経済人の仮定においては、行為者はあらゆる行為の中から最善の選択をするという最大化を行うものとされる。しかし、サイモンの提唱する限定合理性では、行為者は最大化ではなく、限られた選択肢の中から最善ではないかもしれないものの、満足できるような選択を行うという満足化をはかっている。行為者は最大化ではなく、満足化をはかっているとサイモンが主張した理由は、行為者が実際には知識や予測に限界があるために全ての選択肢を考慮できないからである（サイモン [1947] 2009, 135-137, 184-189）。サイモンの掲げる合理性概念に限定という形容詞が付けられているのはまさにこのためである。

3.2 アイエンガーの選択肢過多

　しかし、最大化と満足化は何が違うのだろうか。この点を理解するのに、最近の実験ではあるけれども、参考になるものがあるので見てみよう。それはコロンビア大学で教えている、カナダ出身の社会心理学者シーナ・アイエンガー（1969-）を中心に行われた実験である。この実験では、スーパーにジャムの試食コーナーを設置し、客に24種類、あるいは6種類試食してもらった後で割引クーポンを渡してどちらがより購入に繋がったかを調べた。結果として判明したことは次の通りである。24種類のジャムを用意した場合には客の60%が試食をし、その内の3%が購入した。これに対して、6種類のジャムを用意した場合には客の40%が試食をし、その内の30%が購入した。つまり、選択肢が多い方が客は試食をするけれども、選択肢が少ない方が客はジャムを購入す

る傾向にあった。アイエンガーたちはこの理由を分析し、あまりに選択肢が多すぎると選択ができなくなる選択肢過多の状態に私たちは陥ってしまうと論じた（アイエンガー [2010] 2014, 269-275）。読者の中にも同じように日常生活において選択肢過多を経験し、買おうと思っていた商品を買えずに帰宅してしまった人もいるのではないだろうか。

　この選択肢過多の状態を合理的経済人と限定合理性の観点から解釈すると、次のようになる。合理的経済人は24種類、あるいはそれ以上のジャムの試食をしても情報を問題なく処理できるため選択肢過多に陥ることなく自分の好みのジャムを選ぶことができる。しかし、合理的経済人ではない行為者にとっては、あまりに選択肢が多すぎるために情報を処理しきれなくなってしまう。ところが、24種類ではなく6種類に選択肢が限定されると、最善ではないとしても満足のいくジャムを選ぶことができる。これがサイモンの限定合理性によって意味されていることである。

4. フリードマンの道具主義的方法論

　サイモンをはじめとする批判にもかかわらず、合理的経済人は標準的経済学において用いられ続けてきた。サイモンの研究は心理学の知見を経済学に持ち込み、ノーベル経済学賞を与えられるほどではあったものの、経済学者一般からはあまり受け入れられていなかったと言われている。その理由としては、その当時の経済学が既に厳密な数学的分析を行っていたのに対し、サイモンの研究は概念的・理念的で、必ずしも数学的に厳密な形で理論化されていなかったことなどが挙げられている（友野 2006, 32）。さらに、サイモンの研究が受け入れられなかった大きな理由としては、アメリカの経済学者ミルトン・フリードマン（1912-2006）が1953年に発表した論文「実証的経済学の方法論」の影響が考えられる。フリードマンはそこで道具主義的な立場を提示し、大きな議論を巻き起こした。

4.1 規範的経済学と実証的経済学の区別

　フリードマンはジョン・ネヴィル・ケインズにならって規範的経済学と実証的経済学を区別した。フリードマンの考えでは、**規範的経済学**はものごとがどうあるべきなのかを扱うけれども、**実証的経済学**はものごとがどうあるのかを扱う。したがって、実証的経済学は特定の倫理的・規範的立場からは独立した分野である。具体的には、実証的経済学は観察されていない現象を正しく予測できる一般的体系としての理論、あるいは仮説を構築することを課題としている。その意味で、実証的経済学は自然科学と同じように客観的でありうるとフリードマンは論じた。そのような観点から実証的経済学の方法論を彼は提示しようとした（フリードマン [1953] 1977, 3-5）。

4.2 フリードマンの実証的経済学方法論

　フリードマンによれば、仮説の妥当性は理論から導き出された予測が経験と合致するかによってのみ確かめることができる。予測が経験と合致しなければ、その仮説には問題があることになる。しかし、予測が経験と合致したとしても、直ちに仮説の正しさが証明されたことにはならない。それはただ単に仮説の誤りを証明できなかっただけである（フリードマン [1953] 1977, 8-9）。仮説の妥当性についてのフリードマンの議論は、ポパーの反証主義を髣髴とさせるところがある。ただ、フリードマンの議論には反証主義に一致していない点も見受けられる。彼は予測と経験が合致しても、仮説を証明することができないと述べると同時に、何度も退けられずに残り続ければその仮説は大いに信頼されると論じている。反証の試みに耐えた仮説がより信頼できるとポパーは考えなかったので、この点についてのフリードマンとポパーの見解は異なる。

　フリードマンにしたがえば、予測が経験と合致しなければ仮説のどこかに問題があるけれども、その場合には仮説を構成する非現実的な仮定が退けられなければならないのだろうか。フリードマンはそうではないと論じた。彼の考え

では、重要な仮説の仮定は現実についての不正確な記述になっている。仮説が重要であればあるほど、多数の複雑な状況を捨象した仮定は非現実的にならざるをえない。したがって、仮説の仮定が現実的かによっては仮説をテストできない。そして、仮説の妥当性は先に述べた通り、ひとえにそれが生み出す予測の正確さに関わっているのである。このように主張することによって、フリードマンは理論における非現実的な仮定の使用を擁護した（フリードマン [1953] 1977, 14-15）。

　フリードマンの議論は、合理性原理の使用を擁護したポパーの立場に似ているように思われる。ポパーも合理性原理とそれに基づくモデルが過度の単純化であり、正しくないことを認めていた。ただ、彼は競合するモデルや理論のいずれがより真理に近づいているかを批判的に議論することは可能であると論じ、道具主義ではなく実在論を取ることを強く主張した（ポパー [1994] 1998, 297-308）。それに比べると、フリードマンの立場は必ずしも明確ではない。

　ここでフリードマンの解釈論争に詳しく立ち入ることはできないけれども、彼の立場については実在論として解釈できるのではないかという議論もある（原谷 2018, 57）。しかし、フリードマンの論文を一読すると、この章の冒頭に言及した道具主義を思い起こさせるし、実際にそのように解釈されてもきた。フリードマン自身の立場が道具主義なのか、実在論なのか、それともそれ以外かはさておき、こうした議論を背景に、合理的経済人という仮定は標準的経済学において用いられてきた。

5. 合理的経済人とその批判

　しかし、合理的経済人はフリードマンが主張するような意味で、本当に経済行動を正しく予測することができているのだろうか。近年ではこの問いは否定的に答えられるようになってきた。そのことを示すためにゲーム理論で用いられている最後通牒ゲームや独裁者ゲームを考えてみよう。読者のあなたも少し考えてみてほしい。

5.1 最後通牒ゲーム

最後通牒ゲームの状況設定とルールは以下の通りである。まず、あなたは提案者という役割を与えられ、ある金額、例えば1,000円を実験者から渡される。実験者はこのゲームにはあなたのパートナーとなるプレーヤーとして応答者がいることをあなたに告げ、応答者と1,000円を分け合うようにと指示する。その際、どのように分け合うかは提案者であるあなたが自由に決めて良い。もし全額自分のものにしたいとあなたが思えば、それでも構わない。その場合には、あなたの取り分は1,000円に、応答者の取り分は0円になる。ただし、あなたは応答者がいくら受け取るのかを応答者に提示しなければならない。応答者があなたの提示額を受け入れれば、あなたと応答者はそれぞれ提示額に基づいた取り分を受け取り、ゲームは終了する。しかし、応答者があなたの提示額を拒否すれば、あなたと応答者のどちらも1円も受け取れず、ゲームは終了する。さて、あなたはいくらを提示するだろうか。

　ここまで読んで気づいた読者もいるかも知れない。この章の冒頭に挙げた問いがまさしくこの最後通牒ゲームである。あなたはいくらの提示額を考えていただろうか。実は、合理的経済人の観点を取るならば、応答者への提示額は1円となる。その理由は次の通りである。あなたも応答者もお互いに合理的で利己的で、自らの利益を最大化しようとしている。まず応答者からすると、自分の利益になるのならば最低額の1円であっても0円よりはましなので、0円でない限り提示を受け入れるはずである。あなたも応答者がそう考えると予測するので、1円を提示することになる。したがって、あなたは999円を受け取り、応答者は1円を手にして、ゲームは終了する（友野 2006, 53-54; 依田 2016, 16-17）。

　しかし、この説明を読んだ読者の中には「何かおかしい。そんなはずはない」と思う人もいるかもしれない。そう思う人たちは恐らく次のように考えているのではないだろうか。私たちが実際に応答者側になったとしたら、1円の提示

を受け入れるとは考えにくい。その場合には1円でも構わないと思う代わり
に、提示額を退けるはずである。なぜなら、提案者の取り分が999円で、自分
の取り分が1円なのは不公平だと私たちは考えるからである。それでは、私た
ちが提示者側だとしたらどうだろうか。その場合にも、1円を提示された応答
者がその提示を受け入れるとは思えないので、私たちは1円を提示しようとは
考えないはずである。したがって、1円を提示するのはありえない選択である。

　この最後通牒ゲームは設定の面白さもあって、実際に様々な形で実験が行わ
れている。その結果の多くはやはり1円提示ではなく、提案者と応答者の取り
分が五分五分で行われる形になっている。さらに、総額の約二割の提示を受け
たとしても、応答者はおよそ五割のゲームにおいて自分の利益がゼロになるに
もかかわらず提示を拒絶すると言われている（Sanfey et al. 2003, 1755）。

　どうしてこのような結果になるのだろうか。まず応答者が拒絶するのはその
提案が不公平だと思う気持ちが金銭的な利益を求める気持ちを上回ったからで
あるというのがありそうな説明だろう。それに対して、提示者が五分五分の提
示を行う理由については様々な解釈が考えられる。一つの解釈は、提示者が自
分だけ利益を得るのは公平ではないと考えて五分五分の提示をするというもの
である。もちろん、提示者それぞれに考えがありうるけれども公平性を重視し
た可能性はある。しかし、別の解釈もありうる。それは、応答者の不公平感を
惹起しないような受け入れ可能な提示額はいくらだろうかと提示者が考えた
末、五分五分の提示を行うというものである。この場合には提示者は公平性を
配慮したわけではなく、むしろ提示額が低ければ拒絶されてしまうかもしれな
いリスクを考慮に入れている。すなわち、提示者はあくまでも自己利益を追求
する観点から五分五分の提示をしていることになる。したがって、提示者が五
分五分の提示をしても、直ちに公平性を重視していることにはならない。

5.2 独裁者ゲーム

　それでは、実際のところ提示者は公平性を配慮しているのだろうか。それと

も自己利益を追求する観点から提示をしているのだろうか。その点については
独裁者ゲームと呼ばれるゲームの実験結果が参考になるだろう。このゲームの
状況設定は最後通牒ゲームに類似している。しかし、ただ一点重要な違いがあ
る。それは応答者に拒否権が与えられていないことである。つまり、提示者は
応答者が拒否する可能性を考慮する必要がなくなる。それがこのゲームが独裁
者ゲームと呼ばれる理由である。このゲームを行った結果としては、最後通牒
ゲームほどではないにしても、応答者に対して多少配慮した提示を行うことが
知られている。ここから、提示者は完全に利己的に振る舞うわけでもないけれ
ども、完全に利他的に振る舞うわけでもないことが読み取れる（依田 2016,
104-105）。しかし、人間の利他性についてはまだまだ判明していない点も多
く、近年では脳神経科学を用いて調べる研究もあり、こうした研究は**神経経済
学**と呼ばれている。神経経済学は次節以降で説明する行動経済学や強い互恵性
という概念と強い結びつきがあるため、詳しくは7.2で述べることにする。

5.3 フリードマンの反論

　先に論じたように、最後通牒ゲームなどの事例によれば、合理的経済人の仮
定は現実の経済行動の予測には必ずしもつながっていない。それでは、こうし
た事例はフリードマンの考えを退けることになるのだろうか。フリードマン自
身は「実証的経済学の方法論」において、こうした反論をあたかも予期してい
たかのような議論を提示していた。フリードマンによれば、彼を批判する者た
ちは経済学の仮定が時代遅れの心理学に基づいているので、心理学の発展を踏
まえた上で再構成される必要があると主張してくるだろう。しかし、批判され
ているものとは異なる仮説が様々な現象についてより優れた予測を生み出すと
いう証拠がなければ、こうした批判には説得力があるとは言えない（フリード
マン [1953] 1977, 31-32）。このように論じることで、フリードマンは自説に対
する批判をかわそうとしたのである。

5.4 形而上学的仮定批判の不毛さ

　ここまで合理的経済人に対する批判とフリードマンの反批判を見てきたけれども、それに関連してもう一つ興味深い論点があるので見ていくことにしよう。それは、カナダで教えていた経済学者ローレンス・ボーランド（1939-）によるものである。ボーランドはポパーの影響を受けているけれども、それとは必ずしも相容れない形で次のように論じた。彼によれば、合理的経済人の仮定の中でも特に効用最大化仮説は、標準的経済学の中核をなす形而上学的仮定であり、それを経験的に批判することは不毛である。しかも、形而上学的仮定は本質的に形而上学的なのではなく、研究プログラムにおいて意図的に疑問の余地がないとされている。ボーランドによれば、新古典派経済学を批判するのなら、その形而上学的仮定を批判するのではなく、その場しのぎに用いられている方法論を批判すべきである（Boland 1981, 1034-1036）。

　しかし、このような形で合理的経済人の仮定を擁護するのは別の問題を引き起こすことになる。それは異なる形而上学的仮定を支持する人々の間の相互批判を妨げかねないという問題である。形而上学も批判可能であるとポパーは考えていたので、ボーランドの主張は彼が支持するはずのポパーとは必ずしも一致しない。もちろん、ポパーの影響を受けているとしても、全てを受け入れなければならないわけではない。そうだとしても、相互批判をどのように可能にするのかは大きな問題となる。

　この点について、ポパー自身は形而上学を含む理論が問題を他の理論よりうまく、あるいは単純に解いているのか、またはその理論は他の理論よりも実り多いのかといったことを問うことができ、それによって批判的討論に委ねられると論じている。このように捉えるならば、形而上学的仮定を批判することは必ずしも不毛とは言えなくなる（ポパー [1963] 1980, 333-334; 吉田 2013, 95-96）。

6. 行動経済学の展開

　さて、ここまで合理的経済人の仮定が必ずしも現実とは一致していないことを見てきた。それでは、合理的経済人は役に立たない仮定なので修正、あるいは放棄しなければならないのだろうか。道具主義者は必ずしもそう考えず、恐らく次のように述べるだろう。最後通牒ゲームのような事例は第2章3.2で言及したトーマス・クーンの言葉を借りれば、あくまでも変則事例にすぎない。こうした変則事例は瑣末なもので、それ以外の事柄をきちんと予測できているのであれば、合理的経済人に基づく、既存のパラダイムを放棄する必要はない。これに対して、合理的経済人には問題があり、これまでの経済学のあり方を考え直す必要があると主張する者たちもいる。そうした者たちが行動経済学や先ほど言及した神経経済学という新しい分野を推進してきた。こうした研究者たちは自らを実在論者と呼んでいるわけではない。しかし、合理的経済人という仮定の非現実性に飽き足らず、心理学や脳神経科学の知見を踏まえて経済学のあり方を考え直そうとしている。その意味では、この立場には実在論的な傾向があるとみなすことができる。

6.1 ヒューリスティクスとバイアス

　既に述べたように、心理学を経済学に持ち込もうとしたサイモンの研究は、経済学に対してそれほど影響を及ぼさなかった。しかし1970年代以降になって、心理学を経済学に持ち込む研究は行動経済学という名称で、サイモンのものとは異なる形を取って発展を遂げるようになった。それはイスラエル出身の心理学者ダニエル・カーネマン（1934-）とエイモス・トヴェルスキー（1937-1996）による研究を出発点としている。彼らの研究には様々なものがあるけれども、その中でよく知られているのが、ヒューリスティクスとバイアスに関する研究である。**ヒューリスティクス**とは発見法や経験則などとも訳されるけれ

ども、不完全ながらも簡潔な問題解決方法のことである。ヒューリスティクスという用語自体はサイモンが考案したと言われている（依田 2016, 33）。カーネマンたちは代表性、アンカリングと調整、そして利用可能性という三つのヒューリスティクスを軸に理論を発展させていった。ここではこれら全てについて詳細に説明することはできないものの、簡単に確認しておくことにしよう。

　まず、**代表性ヒューリスティクス**とは、AがBというカテゴリーに属する可能性を尋ねられると、私たちはAと自分がBについて持っている印象がどれだけ類似しているかに基づいて判断をするというものである（セイラー／サンスティーン [2008] 2009, 49）。例えば、私たちの目の前に身長180cmと160cmの女性が二人いて、どちらがプロのバレーボール選手であるか見極めるようにと言われたら、私たちはどう考えるだろうか。多くの人は恐らく身長180cmの女性がバレーボール選手であると思うだろう。これは私たちがプロのバレーボール選手は背が高いに違いないという固定観念（代表性）を持っており、それに類似する人物を選んだからである。これが代表性ヒューリスティクスの意味することであり、実際に役に立つ場合もある。しかし身長160cmの女性は、守備専門で背が高い必要のないリベロかもしれない。したがって、ヒューリスティクスに基づいた私たちの判断が常に正しいわけではない。

　次に、**アンカリングと調整**とは、私たちがある現象を判断する際に、アンカー（錨）として与えられた何らかの値に基づいて自分の判断を調整することである（セイラー／サンスティーン [2008] 2009, 45）。例えば、セール商品を購入するときのことを考えてみよう。私たちはセール商品を購入するとき、定価がいくらかを確認する。そして、定価からどれくらい安くなっているかに応じて、当の商品をお買い得である、あるいはあまり安くないなどと自分の判断を調整して、購入するかを決定する。このときアンカーとして働いているのが定価である。このことを利用しているのが365日いつもセール中の店舗であることに、察しの良い読者であれば気がつくだろう。こうした店舗は本当に定価なのかも分からない価格をアンカーとして示しながら、それよりも安くなってい

てあたかもお買い得であるかのような印象を客に与えようとしていると捉える
ことができる。

　最後の**利用可能性ヒューリスティクス**が意味するのは、私たちは過去や直近
の印象に残っている事例を思い返すことによって、ある出来事の発生確率を推
測するということである（セイラー／サンスティーン [2008] 2009, 47）。例えば、
日本に暮らす多くの人々にとって、2011年3月11日の東日本大震災とそれに
よって引き起こされた福島第一原発事故の記憶は今なお生々しいものだろう。
利用可能性ヒューリスティクスからすると、大震災や事故を実際に体験したこ
とやそれらが繰り返し報道されたことによって悲惨さが印象づけられている。
その結果、日本に暮らす人々は大地震や原発事故の発生確率を高く見積もるこ
とになるのである。

　こうした様々なヒューリスティックスは非常に役に立つ場合もあるけれど
も、誤っている場合もある。こうした誤りがランダムに発生するのなら、重要
な指摘ではあるものの標準的経済学に対して大きな影響を及ぼすものではない
ため無視しても構わない。その意味では、サイモンの限定合理性と大差なくな
る。ところが、カーネマンとトヴェルスキーは重要な指摘を行っている。それ
はこうした誤りがランダムではなく、予測可能であるということである。カー
ネマンたちの影響を受けた、行動経済学者であるリチャード・セイラー（1945–）
は利用可能性から導きだされた誤りを次のように示している。アメリカでの銃
による殺害者数と自殺者数のどちらが多いかを尋ねられたアメリカ人は、恐ら
く殺害者数と答えるはずである。しかし実際には、自殺者数が殺害者数を上回
ることが分かっている。これはアメリカ人にとって銃の所有が身近であり、殺
人事件をマスメディアで目にすることが多いためと思われる。セイラーの考え
では、こうした誤りはランダムなものではないため、無視するわけにはいかな
いのである（セイラー [2015] 2016, 47–48）。

6.2 標準的経済学と行動経済学の微妙な関係

　ヒューリスティクスとバイアス以外にも行動経済学においては様々な研究が進められており、そうした研究を手がかりに行動経済学は発展してきた（エインズリー [2001] 2006; スタノヴィッチ [2010] 2017）。しかし、合理的経済人の仮定に批判的な行動経済学者も、標準的経済学を全面的に否定するわけではない。例えば、カーネマンやセイラーの考えでは、行動経済学の研究は合理的経済人に基づいた標準的経済学に修正を迫るものではあるけれども、それに取って代わるようなものではない。セイラーによれば、既存の経済学は規範的理論と記述的理論のどちらにも当てはまることを意図していた。ここで彼が言う「記述的」という用語はフリードマンの「実証的」とほぼ同義であると考えて構わない。ただ、「規範的」という言葉の意味はフリードマンの用法とは若干異なる。セイラーが「規範的」という言葉を使う場合には、人間が全て合理的経済人の世界であれば、実際にそうなるはずであるという意味が含意されている。セイラーの考えでは、合理的経済人に基づく経済学は記述的理論としては問題があるけれども、規範的理論としては問題がない（セイラー [2015] 2016, 26, 351）。この点については、カーネマンも同意見である（カーネマン [2011] 2012, 下巻263）。つまり、行動経済学はあくまでも現実の人間の経済行動に関する記述的理論であって、規範的理論であろうとしているわけではない。したがって、セイラーたちは記述的理論の修正を行おうとしていることになる。フリードマンが提示したのは実証的経済学の方法論なので、実証的・記述的理論のあり方こそがまさに彼とセイラーたちの対立点である。

　5.3で述べたように、フリードマン自身は行動経済学や神経経済学の発展を予期したかのように、批判者は単に変則事例を挙げるだけではなく、より優れた代替仮説を提示しなければならないと要求していた。フリードマンの要求は行動経済学や神経経済学の今後のあり方を考える上で、極めて重要ではないかと思われる。行動経済学に対するよくある批判として、単に変則事例を集めているだけではないのかというものがある。しかし、サイモンの時代と比べれば、

特に行動経済学の研究は経済学者からも評価されている。それはセイラーが
2015 年にアメリカ経済学会の会長に選ばれ、2016 年の会長にも同じく行動経
済学者であるロバート・シラー（1946-）が就任したことからも見て取れる。
その意味では、非主流派だった行動経済学が主流派から認められつつある。し
かし、まだ行動経済学が標準的経済学に取って代わるまでには至っていないよ
うに思われる。

　さらに、もし行動経済学が標準的経済学に代わるようなものに発展したとし
ても、それで全て問題が解決するわけではない。セイラーが主張するように、
行動経済学が規範的理論ではなく記述的理論にとどまるのであれば、既存の標
準的経済学は無用になるわけではない。むしろ、標準的経済学は規範的理論と
して、行動経済学は記述的理論として分業が進められていく。その場合、標準
的経済学は全ての行為者が合理的経済人であるという仮定に基づいて理論を構
築することになる。その意味では、そうした理論はマックス・ヴェーバーの理
念型のようなものである。ただ、理念型を構築しているのは現実をよりよく説
明するためである。しかし、規範的理論としての標準的経済学は記述的理論で
あることを放棄してしまうため、現実との関連性がまったくないとは言えない
までも、希薄になることは否めない。そうした理論は数学の一分野としては意
味があるかもしれないけれども、社会科学としてどれだけの意味があるのか疑
問が残る。歴史的に見て、経済学は社会科学の代表格とみなされてきたけれど
も、それはやはり規範的理論としてだけではなく記述的理論でもあろうとして
きたからではないだろうか。その意味では、セイラーのように標準的経済学を
規範的理論に限定することは、標準的経済学の支持者にとってはありがた迷惑
な話だろう。

7. 強い互恵性と神経経済学

　先に示したように、セイラーは標準的経済学に多少融和的だったものの、研
究者の中には標準的経済学の基礎となっている合理的経済人に代わる新たな人

間観を提示しようとする者たちもいる。その人間観とは**強い互恵性**という概念によって示されている。

7.1 強い互恵性

　この概念はアメリカの経済学者ハーバート・ギンタス（1940−）によって提唱され、その周辺の研究者たちによって広く用いられている。強い互恵性によって意図されているのは、合理的経済人に内在する、行為者の利己性に対する批判である。ギンタスによれば、経済活動には雇用者と被雇用者の関係をはじめとする様々な関係が含まれており、匿名的なものではない。また、人々は経済的不平等を気にかけたりすることもありうる。その上、行為者が他の行為者に報酬、あるいは処罰を与えられるような形でゲームに参加する場合には、合理的経済人に基づいたゲーム理論的予測は当てはまらないことが判明している。むしろそうした場合には、利他的協調や利他的懲罰が見受けられる。前者は自分の損失になろうとも協力的な他人を支援しようとする行為であり、後者は自分の損失になろうとも非協力的な他人を処罰しようとする行為である。この利他的協調と利他的懲罰を兼ね備えているのが**強い互恵性**である。

　この強い互恵性が示しているのは、人間は私欲のない完全な利他主義者ではないと同時に、合理的経済人のように自己利益だけをひたすら追求する行為者でもないことである。言い換えるならば、強い互恵性における行為者は他人と利他的協調を行うけれども、それは無条件ではなく、相手が協力的であるならば自分も協力的になるという条件つきの協力である（ギンタス [2009] 2011, 67−69）。

7.2 神経経済学

　強い互恵性と密接に関係する研究は様々にあるけれども、特に興味深いのが脳神経科学を用いた**神経経済学**に属する研究である。その中の一つが核磁気共

鳴機能画像法（fMRI）などの脳機能イメージング技術を使って、実際に最後通牒ゲームなどを被験者に行ってもらい脳内の活動を調べるものである。神経経済学について詳しく紹介することはこの章の目的を逸脱するため、簡潔にとどめざるをえないけれども、強い互恵性に関する初期の研究を見ていこう。

　最初の研究は、繰り返し囚人のジレンマを用いたものである（Rilling et al. 2002）。被験者のパートナーは人間、またはコンピューターで、被験者が自分のパートナーと協力するのか、さらにそのパートナーが人間かコンピューターかで脳活動に違いが出るのかを調べた。結果としては、被験者はパートナーが人間の場合には協力行動が継続するような形になり、前腹側線条体や眼窩前頭皮質（OFC）などの、脳内の報酬系を司る脳部位と吻側前帯状皮質（rACC）が賦活した。しかし、自分のパートナーがコンピューターの場合には、眼窩前頭皮質は賦活するものの、前腹側線条体などの部位には賦活が見られなかった。このことからすると、人間の脳内においては他の人間との協力的な交流から満足が導き出されていると思われる。

　次に、一回限りの最後通牒ゲームの応答者が、公平な提示と不公平な提示を受けた場合の脳の活動を測定したものがある（Sanfey et al. 2003）。このゲームの提示者は人間かコンピューターのどちらかであり、公平な提示の場合と比べて、不公平な提示の場合には、両側前部島皮質、背外側前頭前皮質（DLPFC）、そして前帯状皮質（ACC）と呼ばれる脳部位が賦活し、人間のパートナーから不公平な提示を受けた場合の方が、コンピューターのパートナーから不公平な提示を受けた場合よりも賦活が大きいことが判明した。つまり、社会的な文脈がこれらの脳部位の賦活に関連していることが推測される。

　さらに、両側前部島皮質は怒りなどの否定的な情動と関係しており、不公平な提示に対する両側前部島皮質の賦活が大きいほど、提示を拒否する割合が大きいことも判明した。対照的に、DLPFCは貯蓄などの認知過程に関わっていると考えられており、DLPFCより両側前部島皮質の賦活が大きい場合に、提示は拒否され、その反対に、DLPFCの賦活が両側前部島皮質より大きい場合には、提示が受け入れられた。しかも、認知的衝突に関わるとされるACCが

不公平な提示の場合には、賦活していた。このようなことから判断すると、不公平な提示を受けた場合、被験者の脳内では、認知（DLPFC）と怒りのような情動（両側前部島皮質）の間で衝突が生じており、ACCがそれを調停しようとしていると思われる。

　これらの研究以外にも、**信頼ゲーム**においてゲームのパートナーに裏切られた被験者が自ら損失を引き受けて裏切り者に罰を与える際に、その脳内がどのような反応をしているのかを陽電子放射断層撮影法（PET）によって調べた研究もある（de Quervain et al. 2004）。実験者は二人のプレーヤー AとBにそれぞれ同額を渡し、プレーヤー Aはそれを取っておくか、あるいはプレーヤー Bを信じて全額を渡すかを決める。プレーヤー Aが後者を選択した場合、実験者はそれを四倍し、プレーヤー Bに渡す。プレーヤー Bはプレーヤー Aの信頼に応えて自分が持っている額をプレーヤー Aと等分するか、それとも全て自分のものにするかを決める。プレーヤー Bが後者を選んだ場合、プレーヤー Aの信頼は裏切られたことになる。そこで、裏切られたプレーヤー Aはさらにいくらか渡され、それをプレーヤー Bを罰するために使うかを尋ねられる。これが信頼ゲームの基本的な設定である。

　この研究の結果としては、罰を与えた被験者の報酬系を司る、尾状核という脳部位が賦活しており、その脳部位の賦活が大きければ大きいほど、被験者は裏切り者を罰するための損失をより多く引き受けていることが判明した。この結果は被験者の脳内では裏切り者を罰することによって満足が得られていることを示唆している。

　ここまで強い互恵性に関する神経経済学の研究を紹介してきたけれども、こうした研究が示しているのはあくまでも相関関係であって、因果関係ではないことに注意しなければならない。つまり、ある脳部位の活動がある行為を引き起こしたとは単純に言えない。ただ、社会活動の脳神経科学的基盤を理解する上で、こうした研究が示唆的であることもまた事実である。

　以上のような研究を手がかりに、ギンタスたちは強い互恵性という新たな人間観に基づき、神経経済学を擁護してきた。しかし、経済学者は神経経済学を

諸手を挙げて受け入れているわけではない。例えば、ともにプリンストン大学
で教える経済学者ファルーク・グル（生年不明）とウォルフガング・ピーセン
ドーファー（1963-）は神経経済学を厳しく批判したことで知られている。経
済学と心理学が扱う問い・概念・証拠はそれぞれに異なっており、脳神経科学
で得られた証拠は経済学には無関係であると彼らは主張した（Gul and
Pesendorfer 2008, 4）。

　こうした批判以外にも、強い互恵性を擁護する研究は実験室という特殊な環
境で得られたものでしかないのではないかという疑問が示されている。確か
に、強い互恵性については現存する様々な社会において実験が行われているの
は事実である。しかし、それも実験室環境の延長線上にある人工的なものでし
かなく、本当の意味で「自然の」環境では行われていないという批判もある
（Guala 2012, 6）。また、こうした批判に類似するものとして、特に神経経済学
においてfMRIやPETを利用した研究は被験者にスキャナーの内部という日常
とはかけ離れた空間でゲームを行わせているため、そこで得られた結果を一般
化して論じることは難しいのではないかという問題もある。

　さらに、社会心理学者の山岸俊男（1948-2018）を中心に行われた研究は、
強い互恵性の問題点を示している。強い互恵性を支持するとされる最後通牒
ゲームの結果は、実際には提案者に軽く見られまいとする応答者の気持ちの現
われとして解釈されうること、そして、ゲームの裏切り者を罰する被験者の中
には公平性を重視する者だけでなく、公平性とは無関係に、裏切り者に意地悪
をしたいと思っている者もいることをこれらの研究は示唆している（Yamagishi
et al. 2012; Yamagishi et al. 2017）。

　こうした問題点を考えると、強い互恵性という人間観は合理的経済人に取っ
て代わる可能性を秘めているけれども、さらに様々な研究が必要な段階にあ
る。その意味では、フリードマンが要求したような、優れた予測を生み出す代
替仮説はまだ提出できていないことになる。

8. おわりに

　ここまで標準的経済学の基礎にある合理的経済人の仮定について、フリード
マンの道具主義的な擁護、そして行動経済学や神経経済学からの批判について
見てきた。その結果、どのようなことが言えるだろうか。まず、合理的経済人
そのものが問題のある仮定であることに関しては両者の間でも同意が見られ
る。むしろ、争点はその問題のある仮定を使い続けるべきなのかということに
ある。フリードマンは正しい予測につながっているのであれば経験的には必ず
しも合致しない仮定を使っても問題がないと主張した。これに対して、行動経
済学者や神経経済学者は正しい予測につながっていないのだから、仮定をより
現実的なものと取り替える必要があると実在論的に考えた。しかし、セイラー
をはじめとする研究者とギンタスを中心とする研究者の間で、標準的経済学の
位置づけに関しては意見が分かれている。前者はあくまでも自らの理論を記述
的理論に限定し、規範的理論についてはこれまで通り標準的経済学を支持する
のに対し、後者は強い互恵性という新たな人間観に基づき、経済学そのものの
刷新を企てていると考えられる。ところが、強い互恵性にしても既に指摘した
ような問題点があり、合理的経済人を完全に覆すまでには至っていない。その
意味では、この論争は三つ巴の様相を呈しており、今なお決着がついていない。
　いずれにしても、この論争には冒頭に掲げた、社会科学の理論は何のために
あるのかという問いに対してどのように答えるのかが大きく関わっていること
が理解してもらえたのではないだろうか。理論は単なる道具なのか、それとも
それ以上のものなのか。もちろん、理論が単なる個別事例の予測や説明にとど
まらず、一般性や普遍性を備えていなければならないとしたら、ある程度の抽
象化を避けることはできない。しかし理論があまりに抽象的で、現実とはかけ
離れた仮定を含んでいた場合には、現実に生じている、あるいは生じるはずの
現象を予測することや説明することができなくなってしまう可能性がある。た
だ、ありとあらゆる個別事例についての予測や説明を目指せば、理論はあまり

に複雑になり、一般性や普遍性を失ってしまいかねない。その意味では、合理的経済人に批判的な研究者たちも単なる個別事例の予測や説明で良いと考えているわけではない。しかし、どうしたらより良く予測や説明をすることができるのだろうか。この点について、フリードマンをはじめとする論者のように現状維持にとどめるのか、セイラーやギンタスたちのように理論の改善を企てるのか、あるいはそれ以外の道を検討するのか、答えは容易ではない。ただ、少なくとも実在論的な立場を取るならば、理論はあくまでも暫定的な仮説にすぎない以上、絶えず批判にさらして改善していく必要がある。それは科学的研究を客観的真理の探求であると考える実在論者にとっては自然な考え方である。しかし、道具主義者からすれば、なぜそんなことをしなければならないのかと理解に苦しむところだろう。現象をうまく予測や説明できれば、科学理論はそれで十分と考える者にとっては、客観的真理の探求という理念は過剰な思い入れでしかない。そもそも理論構築の目的や科学の目的の捉え方が実在論と道具主義で異なる以上、両者の対立はなかなか調停しがたいと言わざるをえない。だからと言って、この問題について検討することが無意味なわけではない。この問題を考察することによって、社会科学者は自らの研究の意義を問い直すことができる。フリードマンの論文が今なお社会科学の哲学者だけでなく、経済学者にも言及され続けている理由は、まさにここにある。

読書案内

　一般科学哲学における実在論と反実在論の論争に関する入門的文献には、オカーシャ（［2002］2008）『科学哲学』、伊勢田（2003）『疑似科学と科学の哲学』、そして戸田山（2005）『科学哲学の冒険』などがある。ラウダンの奇跡論法批判については、Laudan (1981) "A Confutation of Convergent Realism" を参照すること。フリードマンの議論については、フリードマン（［1953］1977）「実証的経済学の方法論」が必読である。フィンランドの哲学者ウスカリ・マキ（1951–）によるフリードマン解釈については、原谷（2018）「存在論はなぜ経済学方法論の問題になるのか」

が日本語で読める数少ない文献の一つである。行動経済学については多くの入門書が日本語でも出版されているけれども、この本では友野（2006）『行動経済学』と依田（2016）『「ココロ」の経済学』を参考にしている。行動経済学を代表する研究者の一人カーネマンの見解については、カーネマン（［2011］2012）『ファスト＆スロー』が入手しやすいだろう。カーネマンとその共同研究者であったトヴェルスキーの強い影響を受けたセイラーについては、セイラー（［2015］2016）『行動経済学の逆襲』が参考になる。セイラーは法学者と協力して、実際の政策に行動経済学を応用しようと試みている。そちらについては、セイラー／サンスティーン（［2008］2009）『実践　行動経済学』に目を通してもらいたい。この章では紹介できなかったけれども、行動経済学に関連する研究については、エインズリー（［2001］2006）『誘惑される意志』とスタノヴィッチ（［2010］2017）『現代世界における意思決定と合理性』をお勧めする。神経経済学については、友野（2006）『行動経済学』の第9章第2節が参考になるだろう。グルとピーセンドーファーの神経経済学批判とそれを検討した論文集として、Caplin and Schotter (2008) *The Foundations of Positive and Normative Economics* がある。また、Bonanno, List, Tungodden, and Vallentyne (2008) "Neuroeconomics" は *Economics and Philosophy* における神経経済学特集号である。神経経済学に関する筆者自身の見解については、吉田（2013）「経済学と脳神経科学はどのような関係にあるのか」を参照のこと。この章では扱えなかったけれども、進化論的な観点から利他的懲罰などを検討したものとしては、中尾（2015）『人間進化の科学哲学』の第6章「罰の進化」がある。

参考文献

アイエンガー、S.（［2010］2014）『選択の科学——コロンビア大学ビジネススクール特別講義』、櫻井祐子訳、文藝春秋

伊勢田哲治（2003）『疑似科学と科学の哲学』、名古屋大学出版会

依田高典（2016）『「ココロ」の経済学——行動経済学から読み解く人間のふしぎ』、筑摩書房

エインズリー、G.（［2001］2006）『誘惑される意志——人はなぜ自滅的行動をするのか』、山形浩生訳、NTT出版

オカーシャ、S.（［2002］2008）『科学哲学』、廣瀬覚訳、岩波書店

カーネマン、D.（［2011］2012）『ファスト＆スロー——あなたの意思はどのように決まるか？』全2巻、村井章子訳、早川書房

ギンタス、H.（［2009］2011）『ゲーム理論による社会科学の統合』、成田悠輔・小川一仁・川越敏司・佐々木俊一郎訳、NTT出版

サイモン、H. A.（［1947］2009）『経営行動——経営組織における意思決定過程の研究』、二村敏子・桑田耕太郎・高尾義明・西脇暢子・高柳美香訳、ダイヤモンド社

スタノヴィッチ、K. E.（［2010］2017）『現代世界における意思決定と合理性』、木島泰三訳、太田出版

セイラー、R.（［2015］2016）『行動経済学の逆襲』、遠藤真美訳、早川書房

セイラー、R.／サンスティーン、C.（［2008］2009）『実践 行動経済学——健康、富、幸福への聡明な選択』、遠藤真美訳、日経BP

戸田山和久（2005）『科学哲学の冒険——サイエンスの目的と方法をさぐる』、NHK出版

友野典男（2006）『行動経済学——経済は「感情」で動いている』、光文社

中尾央（2015）『人間進化の科学哲学——行動・心・文化』、名古屋大学出版会

原谷直樹（2018）「存在論はなぜ経済学方法論の問題になるのか——方法論の現代的展開」『経済学方法論の多元性——歴史的視点から』、只腰親和・佐々木憲介編著、51-77、蒼天社出版

ファン・フラーセン、B. C.（［1980］1986）『科学的世界像』、丹治信春訳、紀伊國屋書店

フリードマン、M.（［1953］1977）「実証的経済学の方法論」『実証的経済学の方法と展開』、佐藤隆三・長谷川啓之訳、3-44、富士書房

ポパー、K. R.（［1963］1980）「科学と形而上学の身分について」『推測と反駁——科学的知識の発展』、藤本隆志・石垣壽郎・森博訳、306-337、法政大学出版局

ポパー、K. R.（［1994］1998）「モデル、道具、真理――社会科学における合理性原理の身分」『フレームワークの神話――科学と合理性の擁護』、M・A・ナッターノ編、ポパー哲学研究会訳、266-314、未來社

吉田敬（2013）「経済学と脳神経科学はどのような関係にあるのか――科学哲学の立場から」『経済学に脳と心は必要か？』、川越敏司編著、85-104、河出書房新社

Boland, L. A. (1981) "On the Futility of Criticizing the Neoclassical Maximization Hypothesis." *American Economic Review* 71 (5): 1031-1036.

Bonanno, G., C. List, B. Tungodden, and P. Vallentyne, eds. (2008) "Neuroeconomics." Special Issue, *Economics and Philosophy* 24 (3).

Caplin, A., and A. Schotter, eds. (2008) *The Foundations of Positive and Normative Economics: A Handbook*. Oxford: Oxford University Press.

de Quervain, D. J.-F., U. Fischbacher, V. Treyer, M. Schellhammer, U. Schnyder, A. Buck, and E. Fehr (2004) "The Neural Basis of Altruistic Punishment." *Science* 305: 1254-1258.

Guala, F. (2012) "Reciprocity: Weak or Strong? What Punishment Experiments Do (and Do Not) Demonstrate." *Behavioral and Brain Sciences* 35: 1-15; reply: 45-59.

Gul, F., and W. Pesendorfer (2008) "The Case for Mindless Economics." In *The Foundations of Positive and Normative Economics: A Handbook*, edited by A. Caplin and A. Schotter. Oxford: Oxford University Press, 3-39.

Laudan, L. (1981) "A Confutation of Convergent Realism." *Philosophy of Science* 48 (1): 19-49.

Maxwell, G. (1962) "The Ontological Status of Theoretical Entities." In *Scientific Explanation, Space, and Time*, edited by H. Feigl and G. Maxwell, 3-27. Minneapolis, MN: University of Minnesota Press.

Persky, J. (1995) "Retrospectives: The Ethology of Homo Economicus." *Journal of Economic Perspectives* 9 (2): 221-231.

Rilling, J. K., D. A. Gutman, T. R. Zeh, G. Pagnoni, G. S. Berns, and C. D. Kitts (2002) "A Neural Basis for Social Cooperation." *Neuron* 35 (2):

395-405.

Sanfey, A. G., J. K. Rilling, J. A. Aronson, L. E. Nystrom, and J. D. Cohen (2003) "The Neural Basis of Economic Decision-Making in the Ultimatum Game." *Science* 300: 1755-1758.

Yamagishi, T., Y. Horita, N. Mifune, H. Hashimoto, Y. Li, M. Shinada, A. Miura, K. Inukai, H. Takagishi, and D. Simunovic (2012) "Rejection of Unfair Offers in the Ultimatum Game Is No Evidence of Strong Reciprocity." *Proceedings of the National Academy of Sciences of the United States of America* 109 (50): 20364-20368.

Yamagishi, T., Y. Li, A. S. R. Fermin, R. Kanai, H. Takagishi, Y. Matsumoto, T. Kiyonari, and M. Sakagami (2017) "Behavioural Differences and Neural Substrates of Altruistic and Spiteful Punishment." *Scientific Reports* 7: 17654.

第4章
社会科学はものの見方の一つにすぎないのか

1. はじめに

　第3章では、社会科学の理論は客観的真理を探求するものなのか、それとも予測や説明のための単なる道具にすぎないのかという問題を検討してきた。しかし、このような科学観自体は果たして特定の文化から独立に成立しているのだろうか。むしろ、この科学観はヨーロッパをはじめとする西洋に特有のものにすぎないのではないかという考えもありうる。この章では、普遍主義と文化相対主義との対立を通して、社会科学はものの見方の一つにすぎないのかという問題を検討していきたい。

　ここでいう**普遍主義**とは道徳や科学的知識の普遍性を主張する立場である。それとは対照的に、**文化相対主義**とはこれらは全て文化に相対的であり、何ら普遍性を持たないとする立場である。文化に限らず、相対主義的な考え方ははるか昔から存在している。例えば、プラトンの対話篇『テアイテトス』で紹介されているプロタゴラスの主張は相対主義の典型と考えられている。プラトンによれば、プロタゴラスはあらゆる事柄の尺度は人間にあると主張した。この主張が含意するのは、熱いとか冷たいとか感覚のあり方がそうであるように、事物のあり方に関する知識も人によって異なることである。これは知識に関する相対主義と言える（プラトン［BC368頃］2019, 68-72）。

　普遍主義と文化相対主義の対立は単なる哲学的な問題ではなく、社会科学自体のあり方にも密接に関わっている。社会科学が科学であろうとする限り、個

別事例の記述にとどまらず、普遍的な理論がなければならないと主張されることがある。そうした普遍的な理論の探求をあきらめ、時間的・空間的に限定された理論の構築を目指す者もいる（保城 2015, 26-45）。この問題も興味深いものではあるけれども、社会科学の普遍性について、ここでは違った角度から考えてみたい。社会科学も含めた科学一般の起源はヨーロッパにある。それでは、社会科学はヨーロッパやそのあり方を受け入れた地域でしか通用しないものの見方の一つにすぎないのだろうか。そうだとすると、社会科学はそれを受け入れない異なる社会や文化に暮らす人々にとっては全く無関係なのだろうか。そうではなく、あくまでも社会科学は文化の差異を超越する普遍的な知識を探求する営みであるならば、それはどのような意味で可能なのかが問題となる。

　この問題は特に異なる社会や文化を研究対象とする人類学者を悩ませてきたけれども、その中には第2章4.4で紹介したクリフォード・ギアツのように社会科学としての人類学を断念した者もいる。彼自身は反相対主義に反対しているだけであると論じたけれども、ギアツの立場は相対主義ではないかと疑念を持たれてきた（ギアツ [2000] 2007）。それは彼が社会科学としての人類学を断念したことと無関係ではない。なぜなら、社会科学としての研究を諦めてしまえばそれぞれの文化現象を詳細に記述することしか残されていないように思われるからである。この文化現象の詳細な記述をイギリスの哲学者ギルバート・ライル（1990-1976）の言葉を借りて、ギアツは**厚い記述**と呼んだ（ギアーツ [1973] 1987, I巻8）。

　普遍主義と文化相対主義の対立を考えるための手がかりとしたいのが、トーゴ人女性ファウジーヤ・カシンジャ（1977-）の事例である。1994年12月、当時17歳の彼女はアメリカ・ニューアーク国際空港で亡命を申請した。彼女は現地でカキアと呼ばれる女性器切除から逃れてきた。彼女は切除に反対する父に守られて育ったけれども、父が急死した後伯母と伯父が彼女の後見人となった。伯母は彼女に結婚話を持ってきた。相手の男性が切除を望んだこともあり、伯母は切除の手はずを整えた。しかし、ファウジーヤは母と姉の手助けで逃げ出し、ドイツを経由してアメリカに渡った。1996年4月、およそ16ヶ月の収

監の後、彼女は釈放され、最終的には亡命が認められた。彼女は2012年現在アメリカ・スタテンアイランドに居住し、食料品店を営んでいる（Constable 2012）。

それでは、ファウジーヤが逃れてきたカキアとはどのようなものだろうか。彼女の説明によると、次の通りである。

　　聞いたところによると、まず四人の女が娘の両脚を大きく広げ、動けないように押さえつけるのだという。そのあと、いちばん年長の女がナイフを手に取り、陰毛を剃り、女の部分をそぎ取るのだ。鎮痛剤も、麻酔も使わない。しかもナイフは消毒されていない。そのあと、娘は両脚を閉じた恰好で、腰からひざまでをぐるぐる巻きにされ、そのまま傷口がふさがるまでの四十日間を、ベッドで過ごさなくてはならない。四十日後、娘は夫のために「生まれ変わる」。そして夫の家に送られ、彼の妻としての新しい人生を歩みはじめるのだ（カシンジャ／ミラー・バッシャー［1998］1999, 上巻10）。

読者の中にはこのような慣習に対して恐怖や嫌悪の念を覚える人もいるかもしれない。しかし、アフリカではこのような慣習が今でも広く採用されていることが知られている。ところが、どうしてこのような慣習が存在するのかについては明確な説明が必ずしもあるわけではない。社会的な利益があるわけではない。あるいは、宗教的な根拠があるのではないかと思う人もいるかもしれない。しかしそういうわけでもない。カキアを正当化する根拠としては、女性が淫乱にならないとか不貞を働かなくなるようになるといったことが挙げられている（レイチェルズ／レイチェルズ［1986］2017, 25）。

どのような正当化が行われるにせよ、こうした慣習を受け入れられない人にとってカキアは「野蛮」、あるいは「非合理的」に思われるかもしれない。また、このような「野蛮な」あるいは「非合理的な」慣習を根絶したいと考える人もいるかもしれない。実際に、こうした慣習を根絶するためのキャンペーンが

様々な形で国際的に展開されている。しかしこうしたキャンペーンに対しては、恐怖心を煽るばかりで科学的根拠に欠けている、あるいは現地の女性たちの中にはこうした慣習を肯定的に捉えている人たちもいるなどの理由で一方的に断罪するのではなく冷静な対応を求める研究もあり、様々な議論が今なお行われている。

　女性器切除以外にも名誉殺人や嬰児殺しのように、現代日本に暮らす私たちには受け入れがたい慣習が世界には数多く存在する。名誉殺人とは、婚前・婚外性交渉を行った女性を家族の名誉を汚したという理由で女性の親族が殺害することである。嬰児殺しは何らかの理由で出生時、あるいはその直後に嬰児を殺害することを指す。こうした慣習以外にも、異なる文化において様々な慣習が採用されていること自体は最近の発見ではなく、はるか昔から知られていた。例えば、古代ギリシアの歴史家ヘロドトス（BC485頃–BC420頃）が記している有名な逸話がある。それによると、古代ペルシアのダリウス王は、亡くなった父親の遺体を食べることについて、火葬を行う慣習を持つギリシア人に、そして、父親の遺体を火葬にすることについて、両親の遺体を食べる慣習を持つインドのカラチア族に、それぞれ尋ねた。どちらも自分の慣習とは異なる遺体の扱いに衝撃を受けたそうである（ヘロドトス[BC430頃]1971-72, 上巻307; レイチェルズ／レイチェルズ[1986]2017, 15）。

　このように世界には多種多様な慣習が存在する。もちろん、文化の多様性自体は歓迎すべきことである。しかし、なんでもありというわけにもいかない。それでは、女性器切除のように私たちからすれば受け入れがたい慣習を退けるために、どのような根拠を挙げることができるだろうか。読者の中には、人権や女性の権利などの普遍的な概念に訴えれば良いと考える人もいるかもしれない。しかし、こうした概念は歴史的には西洋に由来する。そうだとすると、西洋に由来する人権や女性の権利などの概念をあたかも普遍的であり、絶対に正しいとみなして、自文化のあり方を異なる社会や文化に押し付けているという意味での**自文化中心主義**にすぎないのではないか。つまり、普遍主義を標榜しているはずが、実際のところは偽装した自文化中心主義に他ならないのではな

いかという問題が生じている。

　それでは、普遍主義ではなく文化相対主義を支持できるのかと言えば、そちらにも問題がある。文化相対主義の観点からすれば、ある文化に存在する慣習はその文化においては正しいとされる。よそはよそ、うちはうちであり、自文化のあり方を異文化に押し付けるようなことはしない。こうした立場は文化の違いに寛容であり、評価に値すると思われる人もいるかもしれない。しかし、文化相対主義を取ると、女性器切除のような慣習を外部から批判することが困難になる。したがって、そうした自文化中心主義も文化相対主義も退けようとする場合、どのような立場がありうるのかが問題となる。この章で検討していくのは、まさにこの問題である。

2. 異文化の合理性をめぐる様々な論争

　先ほど述べた問題は現実の国際社会の問題でもあるけれども、社会科学の哲学においても長年にわたって議論されてきた。この節では代表的な論争を三つ紹介し、それらの背景にある哲学的議論を検討する。

2.1 合理性論争

　異文化の合理性をめぐる代表的な論争の一つが1960年代から80年代にかけて盛んに行われていた**合理性論争**である。この論争については、既に第2章4.2でピーター・ウィンチを紹介した際に述べているので詳しくはそちらを確認してもらいたいけれども、エドワード・エヴァン・エヴァンズ＝プリチャードによれば、アフリカ・スーダンのアザンデ族は何か不幸が降りかかった際、その原因は誰かが妖術を用いたからだと考え、それに呪術で対抗したと言われる（エヴァンズ＝プリチャード [1937] 2001）。科学的な観点からすれば、こうした妖術や呪術の使用は非合理的であると考えられる。例えば、第2章2.1で言及したオーギュスト・コントの実証哲学によれば、妖術や呪術のような超自然的

な力に訴えかけて現象を説明することは人間の思考がまだ実証的段階に到達していないことを示している。もちろん、科学的な考え方の全てがコントの実証哲学に基づいているわけではない。しかし、超自然的な力に基づく説明を退ける点は科学的な考え方に共通している。したがって、アザンデ族の考え方は科学的には合理的でないことになる。

　こうした考え方をウィンチは厳しく批判した。彼の考えでは、異なる社会や文化にはそれぞれ**異なる合理性**があるのだから、人類学者はそれを内的に理解しなければならないのである。しかも、ウィンチによれば、合理性は科学的合理性に尽きるものではなく、それぞれの生活様式に応じて宗教的合理性や美的合理性などの異なる合理性が存在する。アザンデ族の場合には、妖術や呪術を科学的な観点からではなく、宗教的な観点から捉えるべきであるとウィンチは主張した（ウィンチ [1958] 1977, 109; ウィンチ [1970] 1992, 203; ウィンチ [1972] 1987; Yoshida 2014, 19-21）。ところが、ウィンチ自身は否定していたけれども、こうした主張は文化相対主義であると批判され、ウィンチの立場をめぐって多数の論文が学術誌や論文集に掲載されるなど、今なおこの論争は社会科学の哲学において重要な参照点であり続けている（Wilson 1970; Hollis and Lukes 1982）。

2.2 テュリエル／シュウィーダー論争

　異なる社会や文化を主な研究対象とする人類学においては、合理性論争に類似する論争が様々な形で行われている。アメリカの心理学者エリオット・テュリエル（1938-）とアメリカの人類学者リチャード・シュウィーダー（1945-）との間で1980年代に繰り広げられた、道徳的規則と慣習的規則の区別に関する論争もその一つである。ここでいう**道徳的規則**には他人に危害を加えてはならないなどの規則が含まれ、こうした規則は文化の違いを超えて当てはまると考えられている。言い換えると、道徳的規則は文化に相対的ではない。それに対して、**慣習的規則**は社会や文化に相対的であり、服装や挨拶の仕方、あるい

は交通規則などを指している（吉田 2016, 418）。

　人間の道徳性の発達については、アメリカの心理学者ローレンス・コール
バーグ（1927-1987）の理論がよく知られている。コールバーグによれば、児
童の道徳性は六つの段階を経て発展する。これらの段階においてはそれぞれ次
の事柄への志向が示される。第一段階では処罰を避けるために服従することへ
の志向、第二段階においては自分や他人の欲求を道具的に満足させることへの
志向、第三段階では他人からよく思われることや他人を喜ばせることへの志
向、第四段階では権威を尊重したり社会秩序を維持するという義務への志向、
第五段階では契約や法を遵守することへの志向、そして最後の第六段階では自
分の良心の声に耳を傾けたり、あるいは普遍的な原理に訴えることへの志向で
ある。コールバーグは第一・第二段階を前慣習的、第三・第四段階を慣習的、
そして第五・第六段階を脱慣習的という三つの水準にまとめる。彼によれば、
児童の道徳性は前慣習的水準から慣習的水準を経由して脱慣習的水準へと発達
し、この発達の仕方は文化を超えて普遍的であるとされる（コールバーグ
[1969] 1987, 43-44）。

　テュリエルはコールバーグのもとで学び、その立場を批判的に継承した。
テュリエルの考えでは、児童はコールバーグが主張するように段階的に道徳的
発達を経るのではなく、早い段階で道徳的規則と慣習的規則を区別するように
発達する（Turiel 1978, 110）。ここから分かる通り、道徳的規則と慣習的規則
をいつ区別するようになるのかについてはコールバーグとテュリエルの主張は
必ずしも一致しない。しかし、道徳的規則と慣習的規則を区別するように発達
することが、文化的差異を超えて普遍的であるという点に関して、両者は一致
する。

　こうした普遍主義に対して、文化相対主義の立場から異論を投げかけたのが
シュウィーダーである。彼はインドを中心に研究している人類学者である。
シュウィーダーは他の文化相対主義者と同様に、文化は一つの全体を形成して
おり、それぞれの文化は独自の合理性を備えていると考える。さらに、インド
における独自の調査に基づき、テュリエルが前提としている道徳的規則と慣習

的規則の区別は西洋に特有の考え方で、何ら普遍的なものではないと彼は主張する。そのように主張する際に、シュウィーダーが依拠するのが異なる合理性という概念である。西洋に由来する科学的合理性は合理性としては狭いものであり、合理性をもっと広く捉える必要があるとシュウィーダーは論じた。彼の考えでは、科学的合理性は実証主義的な科学観に基づいており、そこでは合理性が演繹論理や帰納論理と同一視されているのである。このような観点から、シュウィーダーたちはアメリカのシカゴとインドのブバネーシュワルで比較調査を行い、道徳的規則と慣習的規則の区別は普遍的ではなく、アメリカのように個々人が自由に契約する社会に特有であると論じた。つまり、彼らの観点からすると、テュリエルたちはアメリカに特有の考え方を非西洋社会に押し付けているのである（Shweder 1986; Shweder, Mahapatra, and Miller 1987; 吉田 2016, 419-422）。このような議論に対してテュリエルたちは次のように反論した。シュウィーダーたちは文化が均一であることを想定しているけれども、一つの文化においても、その内部では実に多様である。シュウィーダーたちのような、文化が一つの全体を形成するという立場では文化内の多様性が見過ごされてしまう。さらに、それぞれの文化に異なる合理性が備わるとしたら、文化間の比較が不可能になってしまうとテュリエルたちは論じた（Turiel, Killen, and Helwig 1987, 194-200; 吉田 2016, 422-423）。こうした議論の背景にはトーマス・クーンのパラダイム論の影響があるけれども、それについては後ほど詳しく説明する。

2.3 サーリンズ／オベーセーカラ論争

　合理性論争やテュリエル／シュウィーダー論争以外にも知られている論争としては、イギリスのジェイムズ・クック船長（1728-1779）の列聖に関する論争がある。これは、アメリカの人類学者マーシャル・サーリンズ（1930-2021）とスリランカに生まれアメリカで活動している人類学者ガナナート・オベーセーカラ（1930-）との間で1990年代に行われた論争である。

　クックがイギリス海軍軍人として太平洋航海に出たことはよく知られている。彼と乗組員たちはカナダのニューファンドランド島を測量したり、ニュージーランドやオーストラリアに到達したりと様々な功績を挙げている。クックの最後の航海となったのが、ハワイへの旅である。クックの最期についてはおおよそ次のように語られている。ハワイに到着したクックたちは住民たちから手厚い歓待を受けた。その後、再び彼らは航海に出たものの、運悪く船のマストが折れ、ハワイに戻らざるをえなくなってしまった。最初に訪れた際には歓迎されたクックたちも、戻ってきたときには歓迎されず、住民と衝突し、戦いとなってしまった。戦いの最中、クックは殺害されてしまったのである。オセアニアを専門とする人類学者たちはどうしてこのような出来事が起こってしまったのかを説明しようとしていた。その中の一人がサーリンズであり、彼の説明に異議を唱えたのがオベーセーカラである。

　サーリンズによれば、18世紀のハワイ住民は既存の**概念図式**にしたがってクック船長の来訪を理解した。丁度その時期はハワイの新年を祝うマカヒキと呼ばれる時期で、神々の一人であるロノが到来すると考えられていた。そのため、ハワイ住民はたまたまその時期にやってきたクックをロノとみなしたというのである。それでは、なぜ神とみなしていたはずのクックが戻ってきたときに歓迎しなかったのかと言えば、その時期には既にマカヒキが終わっていたため、クックはハワイ住民の神話体系を脅かす存在になってしまったのである（サーリンズ [1985] 1993, 155-164）。サーリンズの考えでは、異なる文化には異なる概念図式があり、異なる概念図式は異なる合理性を備えている（Sahlins 1995, 14; Yoshida 2014, 74）。その意味でサーリンズの立場は文化相対主義である。

　サーリンズの文化相対主義を厳しく批判したのが、オベーセーカラである。オベーセーカラは元々スリランカに関する研究を行っており、必ずしもハワイなどのオセアニア地域を専門としているわけではない。しかし、勤務していたプリンストン大学にやってきたサーリンズの講演を耳にし、18世紀のハワイ住民がクック船長を神とみなしたというサーリンズの主張に衝撃を覚えた。な

ぜなら、スリランカ人がヨーロッパ人を神とみなすことなどありえないと思われたからである。オベーセーカラの考えでは、サーリンズの議論はヨーロッパ人の想像に基づくものでしかなく、それはまさに非西洋諸国の植民地化に大きく貢献してきた（オベーセーカラ [1992] 2015, 20-21, 28-29）。さらに、ハワイ住民は生物学的に人類に共通する実践的合理性を備えており、クック船長を神と見間違ったはずがないとオベーセーカラは主張した。彼の考えでは、この実践的合理性によってポリネシアの人々を自分と同じように捉えることが可能となり、それは異文化を人間的に語るために必要である（オベーセーカラ [1992] 2015, 49）。

　オベーセーカラの議論から、サーリンズはヨーロッパ人に都合の良いイメージを18世紀のハワイ住民に押し付けて、西洋中心主義に陥っていると思う読者もいるかもしれない。しかし、そうではない。こうした理解は西洋の合理性が優れていることを前提としている。ところがサーリンズの考えでは、西洋の合理性は歴史的・文化的に偶有的であり、合理性は西洋のそれに尽きるものではない。こうした文化相対主義的観点から、サーリンズはオベーセーカラの実践的合理性は西洋の経験主義と啓蒙主義に由来するブルジョワ合理性であると論じた。つまり、オベーセーカラはハワイ住民を近代のヨーロッパ人のように扱っているとサーリンズはやり返したのである。サーリンズの考えでは、ハワイ住民に普遍的な実践的合理性を帰属させることによって、オベーセーカラは合理性を必要以上に狭く捉え、ハワイ文化の独自の合理性をないがしろにしているのである（Sahlins 1995, 8-9; Yoshida 2014, 83-84）。

2.4 論争の参照点としての共約不可能性

　ここまで異文化の合理性をめぐる三つの論争を見てきた。それぞれに立場や強調点は異なるものの、基本的な論点に大きな違いはない。つまり、異なる社会や文化には異なる合理性が存在するのかが争点となっている。こうした論争の背景の一つには、いわゆる先進国が科学やキリスト教に基づいて異なる社会

や文化の行為や慣習を非合理的だとみなし、啓蒙の名のもとに植民地化やキリスト教化を推し進めてきたことがある。また、文化相対主義はアメリカに顕著に見られると思われるけれども、そこにはアフリカ大陸から奴隷として連れてこられた黒人に対する人種差別問題が関係していると考えられる。つまり、奴隷として連れてこられた黒人にも独自の文化があり、それを尊重することが人種差別を是正するのに必要であると考えられたために、文化相対主義が強調されたというわけである。その意味で、文化相対主義は負の歴史に対する反省から生じている。そうした反省は必要であるし、異なる社会や文化の慣習を尊重することも重要である。しかし、どんな行為や慣習も尊重するというのも難しい。そうだとすると、異なる社会や文化をどのように研究すれば良いのだろうか。異なる社会や文化の慣習が受け入れがたい場合どうしたら良いのだろうか。

　この問題については後ほど検討することにして、ここまで述べてきた論争の共通点となっている、異なる合理性について確認しておきたい。社会科学の哲学において、異なる合理性の問題が議論されるようになったのは、ウィンチの主張によるところが大きい。しかし、ウィンチだけでなく、もう一つ重要な参照点が存在する。それがトーマス・クーンの**パラダイム論**である。

　クーンのパラダイム論自体については既に第2章3.2で説明したので詳しくはそちらを参照してもらうことにして、ここでは文化相対主義に関連するクーンの主張を確認していこう。クーンによれば、科学者たちが旧いパラダイムから新しいパラダイムへと転向するのがパラダイム転換である。その際、科学者たちはパラダイム転換前後で同じ現象でも異なる仕方で捉えるようになる。言い換えると、受け入れているパラダイムが変わることによって、当の科学者たちのものの見方も変化することになる。この点を理解するのに役立つのが、有名なアヒルとウサギのだまし絵である（図2）。この絵はドイツの雑誌『フリーゲンデ・ブレッター』の1892年10月23日号に掲載された。

　この絵は見方によってアヒルに見えたりウサギに見えたりするけれども、どちらか一方にしか見えず同時にアヒルとウサギに見えることはない。クーンは

図2　アヒルとウサギのだまし絵
（出典：https://commons.wikimedia.org/
wiki/File:Kaninchen_und_Ente.png）

パラダイム転換をこうした知覚の変化になぞらえたのである。このような考え方に基づいて、クーンは異なるパラダイムを比較するための共通の基準が存在しないと主張した。クーンはこのことを**共約不可能性**と呼んだ。共約不可能性の概念に基づいて、クーンが主張していたのは次のことである。新旧二つのパラダイムが存在していて、新しいパラダイムが旧いパラダイムより客観的に優れていると言うためには、両者の比較を可能にするための基準がなければならない。ところが、異なるパラダイムを比較可能にするための基準があるならば、それはどんなパラダイムからも完全に独立したものでなければならない。しかし、何が正しくて何が間違っているのかを決定する基準はパラダイムに内在しており、パラダイムから完全に独立した基準などありえない。したがって、パラダイム転換においては新しいパラダイムの支持者が一方的に自らのパラダイムを旧いパラダイムより優れていると宣言しているにすぎず、旧いパラダイムから新しいパラダイムが変わったことをもって科学が累積的に進歩したとは言えなくなる。おおよそ以上のようにクーンは主張していた（Kuhn [1962] 2012）。

　ここから、クーンは相対主義者であるという印象を持たれた読者も多いので

はないだろうか。実際にクーンの批判者たちはそのように彼の主張を理解し批判してきた。例えば、カール・ポパーの影響を受けた科学哲学者たちとの論争において、クーンはパラダイム転換を全く非合理的で、宗教的回心のように理解していると批判されてきた（ワトキンス [1970] 1990, 53-56）。これはクーンの議論が曖昧なことが原因の一つではあるけれども、彼自身は相対主義者とみなされることを拒否し続けてきた。クーンによれば、彼が意図していたのは科学者が競合する理論を選択する際には客観的要素と主観的要素のどちらも、あるいは科学者たちによって共有されている基準と科学者個々人が持つ基準のいずれをも含んでいることを強調する点にあった。しかし、批判者たちはその点を理解してこなかったのである（クーン [1977] 2018, 423）。

　クーン自身が相対主義者かどうかという解釈上の問題はさておき、彼の議論は文化相対主義を補強するものとして捉えられ、また実際にそのように援用されてきた。先ほど挙げた論争の中では、テュリエル／シュウィーダー論争にその影響が顕著に見られる。例えば、シュウィーダーはクーンやその他の科学論者の議論に言及しながら、異なる合理性を主張していた（Shweder 1986）。それに反論したテュリエルたちによれば、シュウィーダーはそれぞれの文化をパラダイムと同じように捉え、異なるパラダイムが比較できないのと同じく異なる文化も比較できないと考えていた（Turiel, Killen, and Helwig 1987, 199-200）。これはクーンに対して科学哲学者が行った批判とほとんど違いがない。そこからもクーンの議論と文化相対主義の関連性が理解できるだろう。

3. 文化相対主義の議論と問題点

　前節では異文化の合理性をめぐる論争とその背景について確認した。この節では一歩進んで文化相対主義の議論とその問題点について検討していきたい。第一に強調すべきなのは、異なる社会や文化の慣習に対する尊重が確かに必要なことである。ただし、どんな慣習や行為でも問題がないというのは難しい。そうだとすると、自文化中心主義にも文化相対主義にも陥らないような立場の

可能性を探ることが必要になる。

▎**3.1** ハースコヴィッツの文化相対主義とその影響

　異文化の合理性をめぐる論争からも見て取れるように、文化相対主義の議論は人類学上の研究と密接に関わっている。それでは、なぜ人類学において文化相対主義が取り沙汰されるようになったのだろうか。この問題については様々な形で論じることが可能と思われるけれども、ここではアメリカの人類学者メルヴィル・ハースコヴィッツ（1895–1963）の文化相対主義を検討したい。ハースコヴィッツは、ドイツ出身でアメリカで教えていた人類学者フランツ・ボアズ（1858–1942）のもとで学び、彼の妻フランシスも同じく人類学者であった。ボアズ自身も文化相対主義の支持者として知られているけれども、ここでは特にハースコヴィッツに注目する。その理由は1947年に国際連合が用意していた世界人権宣言にハースコヴィッツがある意味で密接に関わっていたからである。

　ハースコヴィッツは文化相対主義と自文化中心主義を対比させ、文化相対主義を擁護した。自文化中心主義によって彼が意味していたのは、自らの生き方を他の生き方よりも好むことである（Herskovits 1972, 21）。それに対して、文化相対主義が意味するのは、私たちの判断が経験に基づき、その経験は個々人の文化化の観点から解釈されることである（Herskovits 1972, 15）。彼の考えでは、文化化が私たちの判断の発展に大いに影響するのである。

　このような立場に基づいて、ハースコヴィッツは世界人権宣言に関わることになった。世界人権宣言を用意していた国際連合は、宣言に反映するために関係機関・団体に意見を求めた。その中の一つがアメリカ人類学会である。意見を求められたアメリカ人類学会は委員会を組織し、国際連合人権委員会に提出する声明文を準備した（AAA 1947）。その声明文の執筆に中心的な役割を果たしたのがハースコヴィッツであると言われている。この声明文はハースコヴィッツとその師であるボアズの文化相対主義を支持するものとみなされてお

り、現在でも問題がある声明文として取り上げられている（Engle 2001）。ここではその声明文を詳細に検討することはできないけれども、文化化が個々人の発展に大きな役割を果すというハースコヴィッツの見解を引き継いでいる。そのことは多少読みづらいものの、次のような文章から理解できる。

　　私たちが、そうしなければならないけれども、個人から始めるのであれば、次のことが分かる。つまり、人間は生まれた瞬間から、自分の行動だけでなく、思考そのもの、期待、抱負、道徳的価値——自分の行為を導き、自分と仲間の目から見た自分の人生を正当化し、それに意味を与えるもの——もまた、自分がメンバーとなるグループの慣習群によって形成されていることである。これが達成されるプロセスはとても捉えがたく、その効果はとても広範囲に及ぶので、かなり訓練を積んだ後でのみ、それは意識される。しかし世界人権宣言の本質が、そうでなければならないけれども、個人が自分の人格を最大限に高める権利が強調されるべきであるという言明でなければならないのならば、それは、個人の人格は自社会の文化によってのみ高められうるという事実の認識に基づいたものでなければならない（AAA 1947, 539-540）。

　さらに、この声明文においては、個々人の違いを尊重することは文化の違いを尊重することを含意することや、基準や価値はそれらが生じてきた文化に相対的なので、ある文化から生じてきた公準を定式化しようとしても全体としての人類に世界人権宣言を当てはめようとするのは困難であるという主張が提示されている（AAA 1947, 541-542）。こうした主張はまさに文化相対主義的であり、現代でも問題があるものとみなされている理由は理解できるだろう。

3.2 文化相対主義の議論とその暗黙の前提

ハースコヴィッツについてはここまでにして、アメリカの哲学者であるジェ

イムズ・レイチェルズ（1941-2003）とスチュアート・レイチェルズ（1969-）
父子の議論（レイチェルズ／レイチェルズ［1986］2017, 17）を参考にしながら、
文化相対主義の議論を一般的な形で示してみると次のようになるだろう。

1. 異なる文化にはそれぞれ異なるものの見方がある。
2. あるものの見方はその文化の内部では正しい、あるいは合理的である。
3. あるものの見方が正しいか間違っているか、あるいは合理的であるかないかを判断する基準はその文化に内在する。すなわち、客観的に判断できるような基準は存在しない。
4. 全てのものの見方は文化に相対的である。
5. したがって、社会科学を含めた科学一般は文化に相対的であり、ものの見方の一つにすぎない。

　この議論において暗黙のうちに前提とされているのは次の事柄である。仮に
対立する立場が二つ以上あるとしてみよう。そのうちのどれか一つが客観的に
正しいことになれば、残りは全て間違っていることになる。しかし、どれか一
つ特定のもの以外を全て退けるのは望ましくない。いずれの立場もそれが提示
されている特定の文化内では正しいことにすれば、それぞれの立場の共存が可
能となる。このようにして、文化相対主義者は異なる立場の共存と寛容を主張
する。確かに立場の違いを尊重することは重要である。しかし、文化相対主義
の解決策に本当に問題はないのだろうか。

3.3 レイチェルズ父子の文化相対主義批判

　レイチェルズ父子は文化相対主義が抱える三つの問題点を指摘している（レ
イチェルズ／レイチェルズ［1986］2017, 20-21）。彼らの議論は倫理学の観点から
行われているので、それを社会科学に応用する形で考えてみたい。第一の問題
点としては、自文化の慣習と比較して、異文化のそれに問題があると批判でき

なくなることが挙げられる。この章の冒頭で紹介した女性器切除を例にして考えてみよう。この慣習は現代日本に暮らす私たちの多くにとって受け入れがたい。しかし文化相対主義からすれば、私たちが批判しようとしても、その批判は現代日本特有の価値観を前提にしており、批判対象となる社会においてその価値観自体は必ずしも受け入れられているものではない。したがって、私たちの批判は的外れであることになる。

　第二の問題点は、自分の属する社会の慣習を批判できなくなることである。今度は、先ほど挙げた女性器切除の例をその社会の成員の観点から考えてみよう。文化相対主義が正しいとしたら、当該の社会においてこうした慣習は当然のこととして受け入れられている以上、その社会の成員はそれにしたがうことが求められる。たとえその社会の成員の一人が自らの社会の慣習には何か問題があると異議申し立てをしようとしても、そうすることはなかなか難しい。もちろん異議を唱えたとしてもそれほど問題にならない場合もありうる。しかし場合によっては、受け入れられて当然のはずの慣習に異議を唱えたという理由で村八分やその他の社会的制裁を受けることもありうる。言い換えれば、当該の社会内部で考え方や立場の強制が生じる可能性がある。

　文化相対主義の第三の問題点としては、道徳的進歩の考え方が怪しくなることが挙げられる。レイチェルズ父子は具体例として女性の社会的地位の変化を挙げて、文化相対主義が正しいならば、これを進歩とは呼びがたくなると論じている。この点については前節で述べたクーンのパラダイム論を思い起こしてもらうと理解しやすいのではないかと思われる。パラダイム論によれば、旧いパラダイムから新しいパラダイムへのパラダイム転換は私たちのものの見方が変わったことを意味するけれども、それは新しいパラダイムが旧いパラダイムより客観的に優れていることを意味しているわけではない。それと同じように、女性の社会的地位の変化についても文化相対主義の立場からすると旧い考え方から新しい考え方へと人々の捉え方が変わっただけにすぎず、道徳的に進歩したとは言えないことになる。しかし、私たちの多くは必ずしも十分に、そして不可逆的にではないかもしれないけれども、私たちの社会のあり方は改善

されているし、改善されていないところについては改善していきたいと考えている。ところが、文化相対主義が正しいとすると、こうした考え方には問題があることになる。

　ここまで見てきたように文化相対主義が抱える問題点を考えると、それをそのまま鵜呑みにするわけにはいかない。それでは、自文化中心主義にも文化相対主義にも陥らないような立場はどのように可能だろうか。ここで注目すべきなのは、先ほど述べた文化相対主義の暗黙の前提である。すなわち、複数の対立する立場があって、そのうちのどれか一つが正しいとすることである。しかし、様々な立場のいずれかが正しいという保証はどこにもなく、いずれも間違っているかもしれないと考えてみたらどうなるだろうか。そうすると、自分にとって一番正しいと思われる立場でさえも誤っているかもしれないことになる。このように、自分が間違っているかもしれないという**可謬性の認識**が自文化中心主義と文化相対主義のどちらにも陥らないためには必要ではないかと思われる。自文化中心主義の問題点は自らの立場が正しいと絶対視するところにある。それに対して、文化相対主義の問題点は自文化中心主義を退けようとするあまりに全ての立場が正しいと想定することにある。しかし、私たちは皆誤りうる存在であることを認めると、自文化中心主義と文化相対主義のいずれも極端であることが分かる。むしろ、どのような立場も客観的真理には届いておらず、客観的真理に到達するにはお互いに協力することが重要である。その意味で、客観的真理は私たち全てが目指すべき目標である。その認識があってこそお互いの立場の違いに寛容になることができるし、相互批判の可能性も開かれるだろう。

4. 文化の多様性を擁護しつつ相互批判を可能にする方法

　それでは、文化の多様性を擁護しつつ相互批判を可能にする方法にはどのようなものがあるだろうか。ここではその一つとして、**合理性のレベル分け**とい

う考え方を紹介したい。

4.1 合理性のレベル分け

　この考え方はポパーの影響を受けた、イアン・ジャーヴィーとジョセフ・ア
ガシの二人によって提案された。彼らは合理性を合理的／非合理的という形で
二極化するのではなく、程度の問題として考えるべきであると主張して、次の
ようなレベル分けを提唱した（Jarvie and Agassi 1979, 353-354）。

> **合理性1**：ある目的や環境において問題を解決するための目的志向的行為
> 　　　　　　に関わるもの
> **合理性2**：明示的な規則にしたがう思考という要素を含むけれども、自己
> 　　　　　　批判という契機を欠くもの
> **合理性3**：最高度の合理的思考の基準、特に自己批判という契機を満たす
> 　　　　　　もの

　このように合理性をレベル分けすると、何らかの問題解決の営みと捉えられ
るのであればお互いにとって理解しがたい慣習や行為にも最低限の合理性は含
まれており、非合理的であると考える必要はなくなる。つまり、どのような慣
習や行為も**合理性1**を満たしており、完全に非合理的とは言えない。むしろ、
ある慣習や行為が何らかの明示的な規則にしたがっているのであれば、**合理性
2**を満たしていると考えることもできる。しかし、単に伝統に基づいているか
らなどの理由でその規則にしたがっているだけだとしたら、それは自己批判的
ではない。したがって、合理性3には到達していない。**合理性3**に到達するた
めには、無批判的にしたがうのではなく、その規則について絶えず批判的に問
いかけることを必要とする。

　こうした合理性のレベル分けは、西洋の合理性を基礎にして成立していると
思う読者もいるかもしれない。しかしジャーヴィーとアガシは合理性のレベル

分けを提案するにあたって、彼らと同じくポパーのもとで学んだウィリアム・
ウォレン・バートリー三世（1934-1990）の非正当化主義から影響を受けてい
る。バートリーは知識の究極的な基礎づけを求める立場を正当化主義と名づ
け、厳しく批判した。彼の考えでは、正当化主義を取ると、基礎づけをめぐっ
て無限後退に陥るか、あるいはそれを避けるために何らかの基礎を独断的に認
めざるをえなくなる。そこで、バートリーは正当化と批判を切り離し、正当化
を放棄することによって、この問題を切り抜けようとした。こうした正当化な
き批判を擁護する立場が非正当化主義である。この観点からすれば、全ては正
当化されておらず、絶えざる批判にさらされなければならない。このように基
礎づけを退けるという点では、ジャーヴィーとアガシの合理性のレベル分けも
違いはない（Bartley [1962] 1984; 吉田 2016, 433）。

　このように絶えず批判的に自らを検討しなければならないのは、合理性のレ
ベルは一度上がったら、二度と下がらないわけではないからである。たとえ合
理性3にまで到達したとしても、それで満足してしまい自己批判的でなくなっ
てしまえば、当然のことながらレベルは下がる。私たちは科学的な考え方を最
高度の合理性である合理性3を満たしていると考えがちであるけれども、科学
的な考え方でさえ自己批判的でなくなってしまえば合理性のレベルは下がって
しまう。つまり、合理性のレベルを保ち続けるには継続的な努力が必要となる
（吉田 2016, 434）。

4.2 フレームワークの神話

　こうした合理性のレベル分けには、異なる立場の間の相互批判や批判的評価
を可能にする利点がある。それぞれの文化に異なる合理性を付与する主張や異
なるパラダイムは共約不可能とする議論は、異なる立場の間に共通の評価基準
があることを否定する。しかしその場合、お互いのやり取りがありえたとして
も、一方的な非難の応酬になりかねない。それを避けようとすれば、お互いに
沈黙する以外にない。これが文化相対主義から導き出される帰結であり、ポ

パーがまさしく**フレームワークの神話**と呼んで厳しく批判していたことである。ポパーがフレームワークと呼ぶものはこれまでものの見方と呼んできたものと同じであると考えてもらって差し支えない。ポパーによれば、異なる立場間の討論は非常に困難な場合もあるものの、困難であればあるほど実り多いものになることがある。それは討論の参加者がそこから学ぶことができるからである。さらに、ポパーはこの章の冒頭に挙げたヘロドトスの逸話に言及しながら、異なる立場間の隔たりは大抵の場合、克服できるとも主張している（ポパー [1994] 1998, 74-79）。合理性を程度の問題と考えることはこうした主張を補完する意味を持つ。つまり、合理性を程度の問題と捉えると、ある文化、あるいはその側面はより合理的であったり、より合理的でなかったりする。しかし、一方が他方より常に優れているわけではない。相互批判を通した対話が重要となるのは、そのためである。

　しかし、こうした議論は批判的討論に価値を置くようなものの見方の中でのみ有効であり、そうでなければ無意味であるという反論もあるかもしれない。私たちは自らを取り巻く環境や社会や文化の影響を受けて暮らしている以上、当然のことながら何らかのものの見方を前提としている。しかし、文化相対主義者がしばしば主張するように、このものの見方は完全に固定化されているわけではないし、私たちを完全に制約するわけでもない。自己批判や相互批判の重要性を強調するのは、私たちのものの見方が限られていることを認識しているからに他ならない。言い換えると、自らの視野狭窄を自覚し、それを広げていくためには、批判が重要である。その意味では、社会科学もものの見方の一つである。しかし、それは合理性3を満たすように絶えず批判を繰り返し、自らの視野を広げようと試みているのである。私たちがお互いを必要とするのは、単に自分の見解に同意してくれるからではない。確かに、自分の見解に全く異論が差しはさまれない世界は居心地が良いかもしれない。しかし、その居心地の良さは自分とは異なる見解に目をつぶり、自分のお気に入りの立場に引きこもることによって得られたものでしかない。そこには自分とは異質なものとの対話によって生じる知的な成長はない。

　ここまでの議論を整理してみると、自文化中心主義を退けながらも文化相対主義に陥らないためには、自分の立場を絶対視せずに、客観的真理に到達するための仮説とみなすことが重要である。同じことは対立する立場についても言える。その上で、批判的討論を通して、お互いの立場をより良いものにしていく態度が必要となる。

5. 女性器切除の問題

　前節では合理性のレベル分けを中心に、文化の多様性を擁護しつつ相互批判を可能にする方法を見てきたけれども、この章の冒頭に紹介した女性器切除の問題はその観点からどのように捉えられるかを検討していこう。

5.1 オーバーマイヤーとアーマドゥの議論

　女性器切除の慣習に関しては根絶するためのキャンペーンが国際NGOなどによって広く展開されている。それに対して、人類学者にして疫学者のカーラ・マクルーフ・オーバーマイヤー（生年不明）は女性器切除に関する文献の中に、個別事例の報告に基づくものが多いことを指摘する。さらに彼女によれば、女性器切除は場合によっては死に至るような健康問題や性的快感の喪失をもたらすとしばしば言われるけれども、精査された論文の中では十分な証拠が挙げられていない（Obermeyer 1999）。

　また、アメリカで成長したにもかかわらず22歳のときに両親や妹とともに両親の母国であるシエラレオネに赴き、女性器切除を受けたフアンバイ・アーマドゥ（生年不明）は、こうした儀式は女性が男性とは違うことを祝うとともに、女性の力を象徴的に表現していると主張し、女性のセクシュアリティはこうした儀式によって抑圧されていないと論じた。しかも彼女によれば、切除によって性的快感が損なわれてもいないのである（Shweder 2009）。彼女の主張は注目を浴びることになったけれども、その理由は彼女がアメリカで育ったば

かりでなく、ロンドン大学を構成する機関の一つであるロンドン・スクール・オブ・エコノミクス（LSE）で学び、後には人類学の博士号を授与されるほどの教育を受けていることが大きい。つまり、こうした儀式を研究するはずの人類学者自身がその儀式の当事者となっているのである。

5.2 シュウィーダーの警鐘

　オーバーマイヤーやアーマドゥの主張を参考にしながら、第2節で紹介したシュウィーダーは性急な女性器切除根絶キャンペーンに対して警鐘を鳴らす。彼の考えでは、オーバーマイヤーが示しているように女性器切除根絶キャンペーンは必ずしも正確な情報に基づいているわけではない。また、たとえ女性器切除が危険であるにしても安全にすれば良いのであって、それは中絶が安全でなくても中絶禁止にしないのと同じであると彼は論じる（Shweder 2002, 229）。

　さらに、シュウィーダーは現代アメリカで受け入れられている価値や理念を全世界に広げるべきであるという考え方を帝国的リベラリズムと呼んで批判し、こうした考え方が含意する全体主義に注意すべきであると主張する（Shweder 2002, 235-236）。これはこの章の冒頭に述べた自文化中心主義をシュウィーダー流に言い換えたものである。シュウィーダーがこのように主張するのは、女性器切除に対する道徳的・感情的・美的な反応に文化的な違いが存在することを彼が認めるからである。これは2.2で言及した異なる合理性の考え方を反映していると言える。

　また、シュウィーダーは男児に対する割礼が認められているのだから、軽度であれば女児に対しても切除を認めるべきであると主張する。割礼も切除と同じように世界各地で行われていることが知られている。彼が問題にしているのは割礼を認めて、切除を認めないのは男女不平等ではないかということである。シュウィーダーはそれに付け加えて、分別がつく年齢になり本人の同意があるならば、自分の身体をどのように扱うのかについては本人が決められるべ

きであるとも論じる（Shweder 2002, 237-244）。

5.3 女性器切除擁護論の検討

　以上のような議論について何が言えるだろうか。まず、確かに詳しい事情も知らずに一方的に断罪することは不適切である。実際にどのように女性器切除が行われているのかについてはきちんとした調査が行われなければならない。ただし、男児に対する割礼を認めるように女児に対する切除も認められるべきであるという議論については、切除に関する詳しい状況がはっきりしないのだから、慎重になるべきだろう。また、割礼に対しても批判があることは言うまでもない。シュウィーダーたちは、女性器切除根絶キャンペーンを行っている団体や個人は切除の否定的な側面を誇張していると批判する。しかしその批判においては、切除の肯定的な側面が強調されすぎているように思われる。切除は男女の違いを祝福する儀式であるから、あるいは切除をしても性的快感が得られるからなどの理由はそれを積極的に行わなければならない理由にはならない。切除をしなくても男女の違いは祝福できるのではないだろうか。切除をしてもしなくても性的快感が得られるのであれば、わざわざ切除しなければならない理由は何だろうか。実際にはこの章の冒頭で紹介したファウジーヤのように必死の思いで逃れてきている女性もいるし、切除の結果苦しい思いをしている女性も存在すると言われているので、彼女たちを例外扱いにすべきではないだろう。その意味で、切除を受けたくないと思う女性たちの意見を尊重することは重要である。

　この点に関連して、シュウィーダーが自分の身体に対する自己決定権を擁護していることは注目に値する。もちろん、分別がつき自分の自由意志にしたがって行い、それによって生じる結果を引き受けられるならば、自分の身体の扱いを自分で決めても構わないだろう。例えば、現代日本においてもピアスの穴を開けたり、入れ墨を入れる者もいる。シュウィーダーがこの権利を持ち出しているのは、切除を希望する女性を擁護するためである。しかし、同じよう

に切除を希望しない女性に対してもこの権利が認められるべきではないだろうか。

　ここで思い出してもらいたいのは、第3節で言及したレイチェルズ父子の文化相対主義批判である。彼らは文化相対主義の第二の問題点として、自分の属する社会への批判が難しくなることを挙げていた。そのため、女性器切除に反対しようとしても社会の大多数が受け入れているからという理由で、それが許されず強制されかねないリスクがある。しかし、女性器切除根絶キャンペーンに反対する論者はこのリスクを見過ごしている。アフリカの女性の多くは女性器切除を歓迎しているので、根絶されるべきではないとシュウィーダーたちは論じる。本当に女性たちが歓迎しているのか真偽を確かめることはできないけれども、それが正しい可能性は否定できない。ファウジーヤの場合にしても、彼女のためを思って女性器切除を手配したのは彼女の伯母である。アフリカの女性の中には今まで習慣的に行われてきたので、当然のこととして受け入れて疑問に思わない人たちもいるだろう。しかし、ある社会や文化の慣習や行為を大多数が受け入れていることは、それが正しいことを意味しないし、全員が受け入れなければならないわけでもない。この点については、ジョン・スチュアート・ミルがかつて述べたことが参考になるだろう。彼は多数派の専制に対して少数意見と個性の尊重を擁護した。彼の考えでは、多数派の意見にも少数派の意見にも一片の真理が含まれているのだから、少数派の意見も尊重しなければならないのである（ミル [1859] 2011, 16-17, 100-102）。したがって、シュウィーダーたちが主張するように、女性に女性器切除を受ける権利を認めなければならないとしたら、それを受けない権利も同様に認めるべきである。

　このように考えると、女性器切除が合理性3を満たしているとは考えにくい。確かに、女性と男性の違いを祝うなどの何らかの目的を果たそうとしている点では、女性器切除が全く非合理的なわけではない。その意味では合理性1は満たしているだろうし、明示的な規則にしたがっているのならば合理性2を満たしている可能性もある。しかし、女性器切除の支持者たちが目的達成のための最善の方法について自己批判的であるのかは疑わしい。単に伝統だからと

142

か大勢が同意しているからなどの理由だけでは切除の慣習を擁護することは難しい。

　もちろん、このことは女性器切除を問題視している私たちにも跳ね返ってくる。そのように批判的に女性器切除を評価することに問題はないのかに関して、私たちは自己批判的でなければならない。しかし、自分のお気に入りの立場の問題点を見過ごしていたり、十分に自己批判的でない場合がある。私たちが相互批判を必要とするのは、まさにそのためである。相互批判は一方的な断罪である必要はない。そうではなく、お互いの立場に引きこもらず、むしろそれを拡大しより良いものにしていくためにこそ相互批判が求められているのである。この点について、私たちはファウジーヤ自身が述べている言葉に耳を傾ける必要があるだろう。

　　わたしの部族が大きな集会を開き、この慣習を存続させるべきかどうかを話し合うことになった、とも聞いた。その会合の結果はまだ聞いていないが、廃止となるよう、アッラーに祈っている。わたしの部族は、みんないい人たちだ。しかし、いい人でも、悪いことをするときもある。彼らは、自分たちがしていることと、その理由について、じっくり考える必要がある。昔からしてきたからというだけで、その慣習を存続させることがあってはならない。伝統が正しいものとはかぎらないのだ（カシンジャ／ミラー・バッシャー［1998］1999, 下巻414）。

6. おわりに

　この章では、女性器切除の問題を手がかりにして、社会科学はものの見方の一つにすぎないのかという問題を検討してきた。確かに、社会科学を含めた科学一般はものの見方の一つかもしれない。研究を行っている科学者自身が様々な社会的・文化的・理論的背景を背負っており、科学的研究はそれらを反映する以上、そうした背景から完全に自由であるわけではない。しかし、科学の特

徴はその限られた視野を自覚し、それを自己批判と相互批判を通して、広げて
いこうとするところにある。その意味では、科学は様々な個人的背景を抜け出
て、普遍的な事柄を追求しようとする営みである。これは文化相対主義者が擁
護する立場とは異なる。文化相対主義者は社会や文化のものの見方が違ってい
ることを前提とし、しかもその違いを自分も相手も乗り越えられないと考えて
いる。しかし、このような立場には問題があると言わざるをえない。その原因
はひとえに文化相対主義が外部からの批判も内部からの批判も許容しないこと
にある。批判がときに苦いことは否定できない。しかし、ことわざが言うよう
に、良薬は口に苦いものである。その苦さをあえて引き受けることが私たちの
成長には欠かせないのである。

読書案内

　ファウジーヤがアメリカに亡命を認められるまでの苦難については、
カシンジャ／ミラー・バッシャー（［1998］1999）『ファウジーヤの叫び』
に詳細に語られている。合理性論争については、ウィンチ（［1958］
1977）『社会科学の理念』とウィンチ（［1972］1987）「未開社会の理解」
にまず目を通す必要がある。また、合理性論争に関する重要な論文集と
して、Wilson (1970) *Rationality* と Hollis and Lukes (1982) *Rationality
and Relativism* がある。合理性論争に関する筆者自身の見解については、
Yoshida (2014) *Rationality and Cultural Interpretivism* の第2章 "Rationality
and Other Cultures" を参照のこと。テュリエルとシュウィーダーが直接
対峙したのは、Shweder, Mahapatra, and Miller (1987) "Culture and
Moral Development" と Turiel, Killen, and Helwig (1987) "Morality" の二
本の論文である。シュウィーダーの異なる合理性という概念については、
Shweder (1986) "Divergent Rationalities" を参照されたい。テュリエルと
シュウィーダーの論争に関する筆者自身の見解としては、吉田（2016）
「文化相対主義の克服に寄せて」がある。サーリンズとオベーセーカラの
論争については、サーリンズ（［1985］1993）『歴史の島々』、オベーセー
カラ（［1992］2015）『キャプテン・クックの列聖』、そして Sahlins (1995)
How "Natives" Think を読めば一通りの流れは理解できるはずである。筆

者自身は、Yoshida (2014) *Rationality and Cultural Interpretivism* の第5章
"Rationality Relativized or Degrees of Rationality" においてこの論争を論
じている。クーンのパラダイム論については、第2章の読書案内で既に紹
介しているけれども、批判者に対するクーン自身の回答としては、クー
ン（[1977] 2018）「客観性、価値判断、理論選択」がある。ハースコヴィッ
ツの文化相対主義については、Herskovits (1972) *Cultural Relativism* を、
ア メ リ カ 人 類 学 会 の 声 明 に つ い て は、American Anthropological
Association (1947) "Statement on Human Rights" をそれぞれ参照された
い。レイチェルズ父子の文化相対主義に関する議論については、レイチェ
ルズ／レイチェルズ（[1986] 2017）『現実をみつめる道徳哲学』の第2章
「文化相対主義の挑戦」を参照されたい。余談ではあるけれども、筆者が
ファウジーヤのことを知ったのは、カナダ留学中に倫理学入門のティー
チングアシスタントとしてこの本を読んだことがきっかけである。ジャー
ヴィーとアガシの合理性のレベル分けについては、Jarvie and Agassi
(1979) "The Rationality of Dogmatism" を参照のこと。バートリーの非正
当化主義については、Bartley ([1962] 1984) *The Retreat to Commitment* が
必読である。また、日本語で読める解説書としては、小河原（1993）『討
論的理性批判の冒険』がある。ポパーのフレームワークの神話に対する
批判については、ポパー（[1994] 1998）「フレームワークの神話」を読
む必要がある。オーバーマイヤーの女性器切除に関する文献精査につい
ては、Obermeyer (1999) "Female Genital Surgeries" を、アーマドゥの立
場については、Shweder (2009) "Disputing the Myth of the Sexual Dys-
function of Circumcised Women" がシュウィーダーによるアーマドゥの
インタビューである。また、シュウィーダー自身の見解については、
Shweder (2002) "'What about Female Genital Mutilation?' and Why
Understanding Culture Matters in the First Place" を参照されたい。多数
派の専制に対する少数意見と個性の尊重については、ミル（[1859]
2011）『自由論』が古典中の古典である。この章の議論全体は、前に挙げ
た吉田（2016）「文化相対主義の克服に寄せて」と重なり合うところがあ
るので、興味を持たれた読者はそちらも参照されたい。

参考文献

ウィンチ、P.（[1958] 1977）『社会科学の理念──ウィトゲンシュタイン哲学と社会研究』、森川真規雄訳、新曜社

ウィンチ、P.（[1970] 1992）「コメント」（石川英昭訳）『鹿児島大学法学論集』28 (1): 202-216

ウィンチ、P.（[1972] 1987）「未開社会の理解」『倫理と行為』、奥雅博・松本洋之訳、10-66、勁草書房

エヴァンズ＝プリチャード、E. E.（[1937] 2001）『アザンデ人の世界──妖術・託宣・呪術』、向井元子訳、みすず書房

オベーセーカラ、G.（[1992] 2015）『キャプテン・クックの列聖──太平洋におけるヨーロッパ神話の生成』、中村忠男訳、みすず書房

カシンジャ、F.／ミラー・バッシャー、L.（[1998] 1999）『ファウジーヤの叫び』全 2 巻、大野晶子訳、ソニー・マガジンズ

ギアーツ、C.（[1973] 1987）『文化の解釈学』全 2 巻、吉田禎吾・柳川啓一・中牧弘允・板橋作美訳、岩波書店

ギアツ、C.（[2000] 2007）「反・反相対主義」『現代社会を照らす光──人類学的な省察』、鏡味治也・中林伸浩・西本陽一訳、57-87、青木書店

クーン、T. S.（[1977] 2018）「客観性、価値判断、理論選択」『科学革命における本質的緊張』、安孫子誠也・佐野正博訳、415-447、みすず書房

小河原誠（1993）『討論的理性批判の冒険──ポパー哲学の新展開』、未來社

コールバーグ、L.（[1969] 1987）『道徳性の形成──認知発達的アプローチ』、永野重史監訳、新曜社

サーリンズ、M.（[1985] 1993）『歴史の島々』、山本真鳥訳、法政大学出版局

プラトン（[BC368頃] 2019）『テアイテトス』、渡辺邦夫訳、光文社

ヘロドトス（[BC430頃] 1971-72）『歴史』全 3 巻、松平千秋訳、岩波書店

保城広至（2015）『歴史から理論を創造する方法──社会科学と歴史学を

統合する』、勁草書房

ポパー、K. R.（［1994］1998）「フレームワークの神話」『フレームワーク
の神話――科学と合理性の擁護』、M・A・ナッターノ編、ポパー哲
学研究会訳、69-119、未來社

ミル、J. S.（［1859］2011）『自由論』、山岡洋一訳、日経BP

吉田敬（2016）「文化相対主義の克服に寄せて――道徳的／慣習的規則の
区別に関する論争を手がかりに」『モラル・サイコロジー――心と行
動から探る倫理学』、太田紘史編著、413-439、春秋社

レイチェルズ、J.／レイチェルズ、S.（［1986］2017）『現実をみつめる道
徳哲学――安楽死・中絶・フェミニズム・ケア』新版、次田憲和訳、
晃洋書房

ワトキンス、J. W. N.（［1970］1990）「反「通常科学」」『批判と知識の成長』、
I・ラカトシュ／A・マスグレーヴ編、森博監訳、41-58、木鐸社

American Anthropological Association (AAA). (1947) "Statement on
Human Rights." *American Anthropologist* 49 (4): 539-543.

Bartley, W. W. ([1962] 1984) *The Retreat to Commitment.* 2nd ed. La Salle,
IL: Open Court.

Constable, P. (2012) "Once Victims, Two Women Crusade against Abusive
Traditions." *Washington Post*, May 2. https://www.washingtonpost.
com/lifestyle/style/once-victims-two-women-crusade-against-abu-
sive-traditions/2012/05/01/gIQAGbmavT_story.html (Accessed April
30, 2021).

Engel, K. (2001) "From Skepticism to Embrace: Human Rights and the
American Anthropological Association from 1947-1999." *Human
Rights Quarterly* 23 (3): 536-559.

Herskovits, M. J. (1972) *Cultural Relativism: Perspectives in Cultural Plu-
ralism*, edited by F. Herskovits. New York: Random House.

Hollis, M., and S. Lukes, eds. (1982) *Rationality and Relativism*. Cam-
bridge, MA: MIT Press.

Jarvie, I. C., and J. Agassi (1979) "The Rationality of Dogmatism." In *Ra-
tionality To-day*, edited by T. F. Geraets, 353-362. Ottawa, ON: Uni-
versity of Ottawa Press.

Kuhn, T. S. ([1962] 2012) *The Structure of Scientific Revolutions*. 4th ed. Chicago: University of Chicago Press.

Obermeyer, C. M. (1999) "Female Genital Surgeries: The Known, The Unknown, and The Unknowable." *Medical Anthropology Quarterly* 13 (1): 79−106.

Sahlins, M. (1995) *How "Natives" Think: About Captain Cook, For Example*. Chicago: University of Chicago Press.

Shweder, R. A. (1986) "Divergent Rationalities." In *Metatheory in Social Science: Pluralisms and Subjectivities*, edited by D. W. Fiske and R. A. Shweder, 163−196. Chicago: University of Chicago Press.

Shweder, R. A. (2002) "'What about Female Genital Mutilation?' and Why Understanding Culture Matters in the First Place." In *Engaging Cultural Differences: The Multicultural Challenge in Liberal Democracies*, edited by R. A. Shweder, M. Minow, and H. R. Markus, 216−251. New York: Russell Sage Foundation.

Shweder, R. A. (2009) "Disputing the Myth of the Sexual Dysfunction of Circumcised Women: An Interview with Fuambai S. Ahmadu by Richard A. Shweder." *Anthropology Today* 25 (6): 14−17.

Shweder, R. A., M. Mahapatra, and J. G. Miller (1987) "Culture and Moral Development." In *The Emergence of Morality in Young Children*, edited by J. Kagan and S. Lamb, 1−83. Chicago: University of Chicago Press.

Turiel, E. (1978) "Distinct Conceptual and Developmental Domains: Social Convention and Morality." In *Nebraska Symposium on Motivation, 1977: Social Cognitive Development*, edited by H. E. Howe, Jr. and C. B. Keasey, 77−116. Lincoln, NE: University of Nebraska Press.

Turiel, E., M. Killen, and C. C. Helwig. (1987) "Morality: Its Structure, Functions, and Vagaries." In *The Emergence of Morality in Young Children*, edited by J. Kagan and S. Lamb, 155−243. Chicago: University of Chicago Press.

Wilson, B. R., ed. (1970) *Rationality*. Oxford: Basil Blackwell.

Yoshida, K. (2014) *Rationality and Cultural Interpretivism: A Critical Assessment of Failed Solutions*. Lanham, MD: Lexington Books.

第5章
社会科学において認識と価値はどのような関係にあるのか

1. はじめに

　この章では、社会科学の哲学において長年議論されてきた問題である、社会科学上の認識と社会科学者が持つ価値観の関係について検討してみよう。この問題は第4章で扱った文化相対主義の問題にも関連しているけれども、この章では特に社会科学における認識と価値の関係に焦点を当てて検討していきたい。

　社会科学の研究は何らかの社会現象がどのようにして生じたのかを説明することを、あるいは将来どのような社会現象が生じるのかを予測することを目指していると考えられる。このように述べた場合には、自然科学と社会科学に大きな違いがあるわけではない。しかし、自然科学にしても社会科学にしても、研究を行うのは人間である以上、そこにはそれぞれの研究者が自明のものとして受け入れている価値観があり、それが個々の研究にどのような影響を及ぼしているのかが問題となりうる。このことは20世紀以降の一般科学哲学において様々な形で議論されてきた。しかし社会科学においては、特にマックス・ヴェーバーの提唱した**価値自由論**との関係で、ある意味では自然科学よりも先行する形で議論されてきた。それは社会科学が自然科学とは異なり、行為者である人間を対象にする学問であると考えられてきたことと密接に関わっている。

　こうした議論においては、社会科学上の認識と社会科学者個々人の価値観は

どのように関わっているのかが問われていた。この問いに対する答えは、それ
ぞれの社会科学者によって異なるけれども、大きく分類すると次の二つになる
だろう。その一つは社会科学上の認識と社会科学者の価値は分けられないとい
う答えであり、もう一つの答えによれば両者は分けられる、あるいは分けるべ
きとなる。

　この問いについては20世紀初頭のドイツ社会学においてヴェーバーを中心
として激しい論争が展開されてきた。それについては後ほど触れることにし
て、はじめにこの問題が何を意味するのかを最近の研究を具体例として見てい
こう。ここで取り上げるのは、1990年代初頭のアメリカにおける犯罪発生率
の低下に関する研究であり、これはアメリカの経済学者スティーヴン・レ
ヴィット（1967-）たちによって行われた。

　1990年代初頭のアメリカでは犯罪発生率の低下が見られた。その当時、犯
罪発生率は増加し続けると思われていたので、実際に低下したときに予測の外
れた専門家はわざと血の雨が降ると大袈裟な話をしたと言い訳をした（レ
ヴィット／ダブナー[2005] 2007, 140）。しかし、どうして犯罪発生率は減少し
たのだろうか。

　犯罪発生率の低下の理由としては次のようなものが考えられる。①取り締ま
りの効果、②懲役の増加、③麻薬市場の変化、④高齢化、⑤銃規制強化、⑥好
景気、そして⑦警官の増員などである。しかし、レヴィットたちによれば、犯
罪発生率低下に貢献したのは、②懲役の増加、③麻薬市場の変化、そして⑦警
官の増員の三つで、それ以外のものは関係がない。しかも、一番貢献したもの
はこのリストの中にはないとレヴィットたちは論じた。最も貢献したとレ
ヴィットたちが主張するのがアメリカにおける中絶の合法化である。

　ここでアメリカにおける中絶の合法化の歴史的な経緯を手短に確認してみよ
う。まず、1828年にニューヨーク州で中絶が規制され、1900年にはアメリカ
全土で中絶が禁止された。ところが、社会状況や女性の権利に対する認識の変
化により、1960年代後半には一部の州で特別な場合に限り容認され、1970年
までにはニューヨーク、カリフォルニア、ワシントン、アラスカ、そしてハワ

イの五州で中絶が合法化された。さらに、1973年1月22日、ロー対ウェイド裁判において中絶を合法化する連邦最高裁判所判決が出された。

　中絶の合法化により、ロー対ウェイド裁判後の一年間で75万人の女性が中絶を行い、1980年には中絶件数は160万件にも及んだ。レヴィットたちによれば、ロー対ウェイド裁判後に中絶した女性は未婚か、10代か、経済的に困窮しているか、あるいはこれらの条件全てを満たすと考えられ、中絶がなければ生まれてきたはずの子供たちは貧困のため、犯罪に手を染める可能性が高い。こうした子供たちは生まれてきていれば、1990年代初頭には10代後半か20代前半の年齢である。しかし中絶によって、そうした子供たちは生まれなかった。その結果として犯罪発生率が下がったことになる。

　レヴィットたちの議論に対しては、これは因果関係ではなく、相関関係ではないか、という批判も当然のことながらありうる。つまり、中絶の合法化と犯罪発生率の低下には因果関係は存在せず、たまたまそうだったのではないかというわけである。しかしレヴィットたちによれば、先に中絶を合法化していた五州では、犯罪発生率が低下し始めていた。また、中絶率の高い州は犯罪低下率も高く、世代的にもロー対ウェイド裁判以降の世代で低下している。このように主張することでレヴィットたちは自説を擁護した（レヴィット／ダブナー[2005] 2007, 141-171）。

　ここで直ちに注意を促しておかなくてはならないのは、彼らの主張はあくまでも仮説でしかないことである。つまり、彼らの主張は絶対に正しい保証があるわけではなく、他の原因が犯罪発生率を低下させている可能性もある。また、彼らの仮説よりも良い仮説があるかもしれない。したがって、彼らの主張を鵜呑みにするのは適切ではない。

　しかし、ここで検討したいのはそれとは別のことである。仮にレヴィットたちが主張するように、中絶合法化が犯罪発生率の低下をもたらしたと考えてみよう。その場合に犯罪発生率を抑えるために貧しい女性に中絶を促すことが容認されるだろうか。それはどう考えても行きすぎである。むしろレヴィットたちも認めるように、犯罪発生率の低下は中絶の合法化による**意図せざる結果**で

ある（レヴィット／ダブナー［2005］2007, 168)。

　こうした事例が示唆するのは、社会科学上の認識と価値の関係がそれほど単純ではないことである。レヴィットたちの場合には分けて考えた方が良いと思われる。しかし容易には分けられない場合もありうる。例えば、路上喫煙は美観を損ねるなどの理由で現代日本において社会問題になっている。路上喫煙を規制すべきであるという議論が提起され、実際に条例を設けて規制を行っている自治体も存在する。つまり、路上喫煙という社会問題の存在が認識された以上、それを解決するような対策を考えなければならないというわけである。また先ほど述べたように、社会科学上の認識には社会科学者自身の価値観が入り込んでいて、分けるのは不可能だと考える者もいる。しかしその場合には、社会科学上の研究は単なる価値観の反映になってしまい、研究の客観性が損なわれかねないリスクがある。言い換えると、こうした事例が提示しているのは、社会科学の研究は客観的でありうるのか、あるいはそうではないのかという問題である。もし答えが前者だとするならば、社会科学の客観性はどのように可能なのかが問題となる。そして、答えが後者であるならば、社会科学は科学と呼ぶに値するのかが問題となる。この問題は歴史的に見れば、もう一つの問題とも密接に関係している。それが**事実と価値の二分法**である。そこで、この章ではまずこの二分法から見ていくことにしよう。

2. 事実と価値の二分法

　この二分法が広く知られるようになったのは、18世紀スコットランド出身の哲学者デイヴィッド・ヒュームによると考えられている。ヒュームは道徳と理性の関係について検討し、道徳は私たちの情念や行為に関わる一方で、理性が扱うのは知性的な判断であると論じる。そのため、理性から道徳は導き出されないとヒュームは主張する。さらに、様々な道徳体系についての著作を研究していたヒュームはある変化に気がついた。それは、普通に議論を進め、事実に関する命題（「～である」・「～でない」という命題）を扱っていたはずの著者

たちが規範に関する命題（「～であるべきである」・「～であるべきでない」とい
う命題）を扱うようになっているという変化である。ヒュームによれば、規範
に関する命題は新しい関係を扱っている以上、その関係は明示的に説明される
必要がある。また、事実に関する命題の関係からこの新しい関係は演繹されな
いはずなのに、どのように演繹されるのか理由が示される必要があるとヒュー
ムは指摘する（ヒューム [1739-40] 1995-2012, 第 3 巻 7-23）。ヒューム自身の考
えについてはこれ以上論じられていないため解釈上の問題になるけれども、彼
の主張は事実に関する命題（「～である」）から規範に関する命題（「～であるべ
きである」）を導き出せないことを示すものとして捉えられ、**ヒュームの法則**
という名称で現代でも知られている。

3. ムーアの自然主義的誤謬

　また、ヒュームとは異なるけれども、事実と価値の二分法のもう一つの例と
して知られているのが、イギリスの哲学者ジョージ・エドワード・ムーア
(1873-1958) の**自然主義的誤謬**である。ムーアが自然主義と呼ぶ立場は、第 2
章で扱った自然主義とは異なる。ムーアが考える自然主義とは、倫理学におい
て研究の対象となる述語「善い」が、それに対応する自然的性質を持つことを
意味する。ここでムーアが問題視するのは、その性質によって善を定義すると
いう意味での対応関係であり、善が別の性質を持つことまでは否定していない
（ムア [1903] 2010, 114-115; 伊勢田 2020）。ただ、こうした対応関係によって、
「善い」をその自然的性質に置き換えることが可能となる。つまり、それぞれ
の論者によって何と置き換え可能と考えるのかは異なるけれども、倫理学は心
理学、社会学、あるいは物理学に置き換え可能となり、倫理学は成立しなくな
る（ムア [1903] 2010, 152）。しかし、こうした自然主義は誤りであるとムーア
は考え、それを自然主義的誤謬と名づけた。ムーアによれば、善を定義によっ
て自然的性質と同一視する立場だけでなく、定義によって超感覚的な実在と同
一視する立場も自然主義的誤謬を犯している（ムア [1903] 2010, 151; 伊勢田

2020)。

　こうした観点から、ムーアは多くの哲学者を批判する。社会科学にも関係が
あるので、ここではイギリスの哲学者・社会学者であるハーバート・スペン
サー（1820-1903）の進化論的倫理学とジョン・スチュアート・ミルの快楽主
義に対する批判を見ていこう。スペンサーはチャールズ・ダーウィンの進化論
を倫理学に応用したことで知られている。ムーアによれば、より進化している
ことは倫理的により善いこととは必ずしも同じではないにもかかわらず、スペ
ンサーはこの二つを明確に区別していない。そのため、スペンサーは自然主義
的誤謬に影響されているという嫌疑を免れていないとムーアは主張する（ムア
[1903] 2010, 161-163）。

　快楽主義とは快楽だけが善であるという立場であり、ミルの快楽主義には自
然主義的誤謬が含まれているとムーアは述べる。ミルによれば、善いとは望ま
しいことを意味しており、望ましいものとは何かと言えば、人々が実際に望ん
でいるものである。ムーアの考えでは、まさにこれが自然主義的誤謬である。
なぜなら、望ましいものとは実際に望まれているものではなく、望まれるべき
もの、あるいは望まれるに値するものを意味するからである。つまり、ミルは
事実について語っているつもりで、実際には規範について論じているとムーア
は主張している（ムア [1903] 2010, 181-185）。ムーア自身は倫理学について論
じているものの、それはヒュームの法則と同じように事実と価値の二分法を支
持するものとして解釈され現在に至っている。

4. ヴェーバーの価値自由としての客観性と価値判断論争

　ここまでヒュームとムーアがどのように事実と価値の関係を論じてきたのか
を紹介してきたけれども、社会科学についてはヴェーバーの価値自由としての
客観性についての考え方を検討する必要がある。ヴェーバーが**価値自由**の概念
を題名に掲げたものとして、1917年に出版された『社会学・経済学における
「価値自由」の意味』（以下、価値自由論文）が知られている。しかし、そこで

論じられている見解は 1904 年の『社会科学と社会政策にかかわる認識の「客観性」』（以下、客観性論文）に重なり合う部分が見られる。そのため、ここでは前者だけでなく、後者も踏まえた上でヴェーバーの価値自由論を見ていくことにする（ヴェーバー [1904] 1998; ヴェーバァ [1917] 1980）。

　ヴェーバーによれば、科学的論証には科学者の価値観が混入しており、その価値観が当の科学的論証を混濁させてしまうことが多々ある。さらに、この科学的論証は事実の因果関係を明らかにしようとするものの、その結果が科学者の個人的理想を実現する可能性の増減に応じて、当の科学的論証が影響を受けてしまうと彼は主張する（ヴェーバー [1904] 1998, 35-36）。すなわち、科学者個人の個人的理想の実現のために、科学的論証が捻じ曲げられてしまうことを彼の主張は意味する。

　こうした現状認識のもとに、ヴェーバーは客観性のために果すべき二つの義務を提示する。第一の義務は、異なる価値をひとまとめにして、立場を異にする全ての人に何かを提供しようとするのではなく、自分自身が実在を評価し、価値判断を導き出すのに用いている価値基準が何なのかを自分の研究の読者と自らに意識させるように努力すべきだというものである。そして、第二の義務は、社会科学者が社会政策上の理想を論じている場合には、科学者としてではなく、何らかの理想の実現を意欲する人間として語っていること、そしてどこでそのように語っているのかを自分の研究の読者と自らに明らかにすべきだということである（ヴェーバー [1904] 1998, 46-48）。まとめてみると、この二つの義務が要求しているのは、客観性の名のもとに自らがどのような価値基準にしたがっているのか、そしてどのような社会政策上の理想を提示しているのかを隠蔽するのではなく、明示することである。

　ヴェーバーが価値自由論文で提示した価値自由概念は英語や日本語では倫理中立性、あるいは没価値性として翻訳・紹介されてきた。しかしここまで挙げた点から判断して、社会科学者は何も価値を持っていない、あるいは持つべきではないという単純な意味での倫理中立性や没価値性をヴェーバーが意図していないことは明らかである。むしろ、社会科学者であるヴェーバー自身はかな

りはっきりとした価値観を持っている。彼が客観性や価値自由を論じる際に意図していたのは、自らの価値観を覆い隠してしまうのではなく、誰にでも分かるようにはっきりと打ち出すことであるように思われる。もちろん、この点については異論がないわけではない。例えば、丁寧なテキスト分析に基づき、価値自由の意味は科学的義務と実践的義務を履行することではなく、科学的認識と政策的実践を区別することであると主張する研究者もいる（坂 2014, 278）。ヴェーバー研究者ではない筆者には解釈の問題に立ち入ることはできない。ただ、この主張が正しいとしても、それは新たな問題を生み出す。それは社会科学者と政策担当者の分断の問題である。この問題については6.1で検討する。

　ヴェーバーの解釈についてはさておき、彼の主張については、論争相手だったドイツの経済学者グスタフ・フォン・シュモラー（1838-1917）の反論が知られている。彼の考えでは、ヴェーバーの主張は二枚舌に他ならない。シュモラーによれば、様々な経済的問題は根本的な倫理問題と関わっている。それにもかかわらず、倫理的判断には関わらない理論的議論を求める一方で、実践的・政治的議論を求めるのだとしたら、それは切り離すことができないものを無理に切り離していることになる。つまり、ヴェーバーにしたがえば、社会科学者は一つの事柄についてある場面では科学者として語り、別の場面では政治家として語ることになってしまうとシュモラーは批判する（シュモラー [1893] 2002, 181）。

　シュモラーの批判に対してヴェーバーは価値自由論文において反批判を行い、両者の論争は**価値判断論争**という名称で現代でも知られている。しかし、ヴェーバーの議論は必ずしもシュモラーだけに焦点を当てたものではない上に、基本的な論点は客観性論文とそれほど異なるわけではない。そのため、この論争についてはこれ以上論じることはしないけれども、ヴェーバーの議論が大学教育とも密接に関わっていることには注意しておく必要がある。価値自由としての客観性と大学教育の関係については後ほど戻ってくることにして、20世紀半ばの英語圏において価値自由がどのように論じられていたのかを見ていこう。

5. 20世紀半ばの英語圏における価値自由論

　20世紀半ばの英語圏の社会科学の哲学においては、様々な形で価値自由が論じられた。その中でも、価値自由の擁護論としては、アメリカの科学哲学者アーネスト・ネーゲル（1901-1985）によるものが代表的なものとして挙げられることが多い。それに対して、価値自由に対する批判としては第2章4.3でも紹介したチャールズ・テイラーの見解が重要とみなされている。そこで、この節では、ネーゲルとテイラーの見解をそれぞれ紹介することにしたい。

▍5.1 ネーゲルの価値自由擁護

　ネーゲルの著書『科学の構造』は現代においては論じられることが比較的少なくなったけれども、現代科学哲学における重要な著作の一つであり、第6章で紹介する還元可能性の問題についても議論の出発点としてしばしば言及される。『科学の構造』においては還元可能性の問題だけでなく、自然科学と社会科学の違いについても論じられている。ネーゲルが価値自由の問題について言及するのはその文脈においてのことである。その際にネーゲルは以下の四点に注目して、価値自由を論じている。

　まず、一点目は、社会科学者が何に注目して研究するのかという問題である。この章の冒頭の事例で言えば、世の中には社会科学上重要である問題が無数にあるにもかかわらず、なぜレヴィットたちは犯罪発生率の低下に関心を持つのかという問題である。もちろん、社会科学者も人間である以上、全ての問題を研究するわけにはいかない。そのため、社会科学者は自分の関心にしたがって究明すべき問題を選択せざるをえなくなる。こうした問題の選択には、社会科学者が持っている価値観が必然的に反映されているというわけである。何が重要な問題かという選択に価値観が関わっていることをネーゲルは認める。しかし、彼の考えでは、こうした選択は社会科学に特有ではなく、自然科学にも見

られる。したがって、この点は問題にはならないとネーゲルは一蹴する（ナーゲル [1961] 1968-1969, 第3巻 118-120）。

　二点目は、社会現象の分析は社会科学者自身が望ましいと思う社会秩序の影響を受けるのではないかという問題である。レヴィットたちの研究を参考にするならば、犯罪発生率の低下を願うばかりに社会科学者が研究結果の分析を自らの望む方向に誘導してしまうことなどが考えられる。このように社会科学者自身の価値観が社会現象の分析に影響する可能性をネーゲルは認める。しかし、彼の考えでは、事実と価値を区別することは不可能ではないので、この問題は克服しがたいものではない。ネーゲルによれば、社会科学者は自らのバイアスから完全に自由であるという思い込みを捨て、自分のバイアスを明示的にはっきりと述べなければならない（ナーゲル [1961] 1968-1969, 第3巻 122-123）。この点についてネーゲルは言及していないものの、ヴェーバーの議論を思い起こさせる（Douglas 2011, 518）。もちろん、私たちが無意識のうちに様々なバイアスを持っている以上、自分のバイアスをはっきりとさせれば全て問題が解決するわけではない。それはネーゲルも認める。そのため、ネーゲルは社会的な営みとしての科学が有する自己修正的なメカニズムに訴える。ネーゲルによれば、科学はそれぞれの研究者がお互いの考えを批判し合うことから成り立っており、それによってバイアスの影響を弱めていくことが可能である。自然科学と全く同じとまでは主張しないものの、社会科学でもバイアスをできる限り取り除くことができるとネーゲルは主張する（ナーゲル [1961] 1968-1969, 第3巻 124）。このような相互批判的なメカニズムを有する社会制度としての科学という考え方は既にカール・ポパーによっても提示されている（ポパー [1945] 1980, 第2部 201-204; Jarvie 2001）。ネーゲル自身はポパーに言及していないため、どの程度ポパーの議論を踏まえていたのかははっきりしない。しかし、これは研究者好みの細かい点なのでここまでにして、ネーゲルの三番目の論点を見ていこう。

　三点目は二点目とも関連している問題である。二点目においては、事実と価値の区別が可能であると考えられている。しかし、そもそもそんな区別が可能

なのかが三点目である。言い換えると、一見したところでは、事実の特定や記述に徹していると思われる文章にも価値判断が入り込んでいるのではないかが問題となっている。この点について、ネーゲルは価値判断には二つあると主張する。一つは特徴づけを行うもの、もう一つは評価を行うものである。彼が使っている貧血の例を考えてみよう。貧血とは赤血球中のヘモグロビン濃度が低下することを指す。しかし、どのような状態ならば貧血と言えるのかは個体差があるため曖昧である。それでも、ある動物が貧血になっているかは何らかの標準的な基準に照らして判断しなければならない。これをネーゲルは特徴づけを行う価値判断と呼ぶ。それに対して、貧血は自己を維持する能力を弱めるので健康上望ましくない状態であると判断することもできる。こちらは評価を行う価値判断であるとネーゲルは言う。ネーゲルの考えでは、評価を行う価値判断の多くには特徴づけを行う価値判断が必然的に伴うけれども、特徴づけを行う価値判断には評価を行う価値判断が必然的に伴っているわけではない。さらに、二つの価値判断を区別することが不可能なわけでもない。こうした点について、自然科学と社会科学に大きな違いはないとネーゲルは論じる（ナーゲル［1961］1968-1969, 第3巻124-132）。

　最後の四点目は、証拠を評価する際に価値判断が影響しているのではないかという点である。ネーゲルはこの点を三つの形で論じている。すなわち、①社会科学者の教育や訓練と評価の影響関係、②統計的検定における問題、そして③社会科学者の社会的な環境と評価の必然的な関係である。

　この中で①と③については、既に論じてきたことと関係しているので、簡潔な説明で十分だろう。①は社会科学者が受けてきた教育や訓練が証拠を評価する際に様々な形で影響を及ぼさないかという問題である。この問題についてネーゲルは基本的に二点目の論点を繰り返す。つまり、証拠を評価する際にバイアスがあるか確認することやそうしたバイアスを修正することができるので問題がないと彼は考える。

　③は社会科学者の社会的な環境と証拠の評価が論理的に必然的に結びついており、そのため普遍的に妥当するような評価はありえないという相対主義の問

題である。文化相対主義については既に第4章で論じており、ネーゲルの主張
もよくある相対主義批判なので、ここで繰り返す必要はないだろう。

②の統計的検定における問題については、多少紹介する必要があるだろう。
極めて簡単に言えば、統計的検定とは経験的な証拠が科学的仮説を支持する
か、あるいは退けるかを調べることを指す。ネーゲルは医薬品の開発を例とし
て用いているので、修正を加えながら極めて簡潔に紹介したい。市場に出回る
前、医薬品は動物実験を行い、毒性の有無などを確認する。例えば、百匹のモ
ルモットに薬を投与して、その内の数匹だけが具合が悪くなったとしてみよ
う。この場合、この結果は重要だろうか、それとも無視できるだろうか。

この問いに答えるために、実験者は仮説を二つ立てる。一つはこの薬は毒性
がないというもの、もう一つは毒性があるというものである。前者の仮説を**帰
無仮説**、後者の仮説を**対立仮説**と呼ぶ。統計的検定においては、前者の帰無仮
説が棄却できるかを調べる。帰無仮説が棄却されれば、対立仮説が支持される。
反対に、帰無仮説が棄却されなければ、そのまま帰無仮説が支持される。つま
り、ここでは対立仮説が支持されるのかを調べるために、帰無仮説を棄却しよ
うとしていることになる（南風原 2002, 134-149; 伊勢田 2003, 214-219）。本来
ならば、さらに有意水準などの概念を説明しなければならないけれども、ここ
では統計的検定の基本的な考えさえ理解してもらえれば良いので、割愛する。

実験者は定められた手続きにしたがって、統計的検定を行うけれども、誤り
の可能性が二つある。一方の誤りは薬に実際には毒性がないのに、毒性がある
とすることである。つまり、帰無仮説が正しいのに、それを退けて対立仮説を
支持してしまう場合である。これを**第一種の誤り**と呼ぶ（南風原 2002, 143）。
より一般的には、偽陽性と呼ばれることもある。もう一方の誤りとは、本当は
薬に毒性があるのに、毒性がないとすることである。つまり、帰無仮説が間
違っているのに、それを支持してしまう誤りである。これを**第二種の誤り**と呼
ぶ（南風原 2002, 143）。第一種の誤りが偽陽性と呼ばれるのに対して、こちら
の誤りは偽陰性とも呼ばれる。ネーゲルの考えでは、こうした誤りのどちらも
回避できれば良いけれども、同時に両者のリスクを最小化するような規則はな

い。そのため、実験者はどちらのリスクを負うかを決めなければならない。例えば、前者の誤りを犯すリスクを負えば、毒性があるとされた医薬品は破棄され、製薬会社には損害が発生し、患者は受けられるはずの利益を受けられなくなるかもしれない。反対に、後者の誤りを犯すリスクを負えば、毒性がないとされた医薬品が市場に出回り、摂取した患者には健康被害が出るかもしれない。どのような判断を実験者がするにせよ、そこには価値観が入り込むというわけである。

　しかし、ネーゲルによれば、これは問題にはならない。この例で示されているような価値観が社会現象に関する統計的検定に常に入り込んでいるわけではなく、科学者共同体の一員として誠実に責任を持って研究を行うという価値観に基づいて、判断がなされることもありうる。したがって、こうした問題はケースバイケースでのみ考えられるとネーゲルは主張する（ナーゲル［1961］1968-1969, 第3巻132-136）。

5.2 テイラーの価値自由批判

　20世紀半ばの英語圏における価値自由の擁護として、ネーゲルの議論を見てきた。しかし、全ての研究者が価値自由を擁護していたわけではない。社会科学の哲学において代表的な批判と考えられているのが、第2章4.3でも紹介したテイラーによるものである。

　テイラーは価値自由について政治哲学と政治学の区別の観点から論じている。テイラーがこの問題を論じた1960年代後半には、政治哲学の死が取り沙汰されていたけれども、テイラーによれば、政治哲学の死という主張の背景には政治学は価値自由であるという見解があり、この見解は論理実証主義的な科学観に影響されている。自然科学と同じように、政治学も事実を客観的に研究しなければならないというわけである（Taylor 1985, 58-59）。しかし、政治学は価値自由であると考える立場をテイラーは批判する。彼の考えでは、政治学について何らかの立場を取ること自体が価値を反映している。政治学における

説明の枠組みは問題となる現象の範囲を定め、それがどのように変化するか、あるいは変化の主な側面がどのようなものであるかを示す。さらに、この枠組みと人間の欲求・必要・目的は結びついており、後者を変えると前者も影響を受ける。また、枠組みを設定することによって、可能な政治形態と政策の範囲も設定される。しかし、この枠組みは価値から自由ではありえない（Taylor 1985, 70-75, 89-90）。このように論じる際に、テイラーは価値自由を価値中立的であると捉えている。

　また、テイラーは事実から価値を演繹するというヒューム以来の問題についても検討し、倫理学における非自然主義の見解を次のように論じている。事実に関する考察から、それが良い、あるいは悪いという判断を導き出すことはできない。そのため、普通の人がそのような演繹を行っている場合には、何らかの前提が隠されていると考えられる。例えば、「Xは人を幸せにする」という事実から「Xは良い」という価値を導き出しているならば、そこには「人を幸せにするものは良い」という前提が隠されている。しかし、この前提を退ければ、結論は導き出されない。つまり、「Xは良い」という判断の理由は、判断をする人がどのような価値を受け入れているかに依存することになる。この価値自体を導き出すためには、さらに高次の前提が必要となるけれども、最終的には自分がどのような価値を支持するかを私たちは理由なしに決断しなければならなくなる。そうすると、何かが良い、あるいは悪いと判断することと、特に理由もなく好き嫌いを表明することの区別がつかなくなる。事実と価値の二分法を支持する者はこの結論を避けようとするけれども、結局のところうまく行かない（Taylor 1985, 82-85）。

　以上のようなテイラーの価値自由観を整理してみると、政治学における説明の枠組みは何らかの価値を内包していることになる。対抗する要因によって枠組みの改定が迫られると、完全にではないかもしれないものの、価値も新しくなる。しかし、そのような形で政治学上の説明が行われる場合、異なる枠組みを支持する研究者間の見解の相違はどうなるのかという問題が出てくる。既に第2章4.3で紹介したように、テイラーは社会科学の独自の方法としての解釈

の重要性を強調している。ある一つの現象について、研究者の解釈が異なる場合、どちらが優れている、あるいは客観的であると言えるのだろうか。テイラーの考えでは、こうした問いそのものが論理実証主義的な科学観に基づいており、それにしたがう必要はない。社会科学は価値やイデオロギーから自由ではありえず、他人の解釈を理解するためには、自らの直観を磨くだけではなく、自分自身を変えなくてはならない（Taylor 1985, 54）。このような主張からすると、解釈とイデオロギーには違いがなくなってしまい、ある現象に関する解釈の違いはイデオロギーの違いとなる。この違いは合理的な議論によってではなく、直観を変えることによってのみ解決可能となる。しかし、どの直観が優れているのかを合理的に決める方法はないので、最終的には力によって無理矢理に変えなければならないかもしれないという問題が潜んでいると思われる（Yoshida 2014, 47–48）。

6. 価値自由と社会的・政治的文脈

　ここまで、20世紀半ばの英語圏における価値自由に関する議論を見てきた。ここからは、現代において価値自由がどのように論じられているのかを検討したい。その際に、参考になるのが、第2章3.2で紹介したスティーヴ・フラーの現状認識である。彼は社会科学を捉え直す文脈で、価値自由についても論じている。

▎6.1 社会主義的プロジェクトとしての社会学

　フラーによれば、社会科学は人文主義的立場と生物学的立場という、二つの異なる立場から挑戦を受けている。**人文主義的立場からの挑戦**によって彼が意味するのは、社会科学を人文学に取り込もうとする動きのことである。それに対して、**生物学的立場からの挑戦**によって意味されているのは、社会生物学や進化心理学のように社会科学を生物学の観点から捉え直すことである。その二

つの挑戦に答え、社会科学の自律を擁護するために、社会学を社会主義的プロジェクトとして捉え直す必要があるとフラーは主張した。彼は社会学と社会主義は一枚のコインの両面であり、両者を切り離すことは社会学という用語を考案し、社会の再組織化を主張したオーギュスト・コントの考えに即していないと考えた（Yoshida 2009, 99-100）。フラーはコントを高く評価しており、そのことは所属するイギリス・ウォーリック大学において、オーギュスト・コント社会認識論講座長を名乗っていることからも理解できる。社会学をその旗頭とする社会科学の主要な目的は、地上に楽園を作り出すという18世紀啓蒙主義の理念を実現することであるとフラーは主張した（Fuller 2006, viiii）。フラーが社会学の重要性を論じる際に念頭に置いているのは、現代の狭義の分野としての社会学ではなく、コントが構想していた総合社会科学としての社会学である。

　しかし、社会学をなぜ社会主義的プロジェクトとして捉え直す必要があるのだろうか。それは社会学を政治化することにつながってしまうのではないかという懸念を持つ読者もいるだろう。まさにその点に価値自由の問題が関わっている。フラーの考えでは、価値自由論が広く受け入れられることによって次の問題が引き起こされてしまった。それは、政策担当者は価値自由を旨とする社会科学者の研究に介入せず、価値自由である社会科学者は政策担当者の決定に口出ししないという棲み分けが生じているという問題である（Fuller 2006, 26）。このような問題認識が示唆するのは、ヴェーバーが意図した通りに価値自由論が理解されているわけではないことである。むしろ、ここで理解されている価値自由は先に挙げた倫理中立性や没価値性に近いように思われる。もちろん、ある概念の提唱者がその概念がどのように理解されるのかを制御するのは不可能である。その意味で、価値自由論の受容はヴェーバー自身にとっては意図せざる結果と言えるだろう。

6.2 政治的・社会的文脈から見た価値自由

こうした棲み分けの問題があるとしても、それは正しくヴェーバーの主張が理解されていないだけなので、それを正していけば良いではないかと考える読者もいるだろう。しかし、フラーはそのような路線を取らず、むしろ価値自由論はそもそも政治的・社会的文脈で提示されてきたという議論に依拠する。その際に彼が参考にしていたのが、アメリカの科学史家ロバート・N・プロクター（1954-）の価値自由に関する研究である。

プロクターの主張を簡潔に述べると、政治的・社会的文脈で価値自由を考えるべきというものである。彼の考えでは、価値自由の概念は普通考えられているように自然科学を模倣するためではなく、政治の介入から科学の自律を守るために提唱された。なぜなら、ドイツの社会学者は社会学と社会主義の混同を避けるため、社会学の政治化を排除する必要があったからである。しかし、どうしてそんなことをする必要があるのだろうか。プロクターはここで当時のドイツの大学事情に注目する。それは、ヴァイマル共和政が成立する1919年以前、ドイツの大学教授は皇帝を頂点とする国家に仕えることになっていたという事実である。つまり、皇帝に仕える存在である大学教授が当の皇帝を否定するような社会主義者であることは大問題であるため、新しい学問分野の担い手としての社会学者は自分の分野は社会主義とは関係がないことを示す必要があったというわけである（Proctor 1991, 102-108）。このような主張に対しては、いくら社会学と社会主義の名称が似ているとしても、両者を混同するのはあまりに飛躍がすぎるのではないかと考える人もいるかもしれない。

そのような読者には、筆者が学生時代に実際に体験したことが参考になるだろう。1990年代半ば、当時の筆者は大学院への進学を志しており、出かける際にも教科書や研究書を手にして移動中の車内で読んでいた。たまたま渋谷に行く用事があり、用事を済ませてハチ公口改札から東京方面の山手線最後尾車両に乗り込み、社会思想史の本を取り出し読み始めたところ、隣席の中年女性から「あなた、何を読んでいるの」と話しかけられた。首都圏近郊の車内で見

知らぬ他人から話しかけられることなど滅多にないため、筆者が当惑したこと
は想像できるだろう。しかしその女性には特に変わったところもなかったの
で、「こういう本です」と言いながら本の表紙を見せた。彼女が言ったことを
想像してみてほしい。彼女は開口一番、「あなた、アカ［＝社会主義者・共産主
義者］なの」と言ったのである。誤解のないように述べておくと、筆者の知る
限りその本の著者は社会主義者でも共産主義者でもない。したがって、彼女は
著者の名前からではなく、本の表紙にあった社会思想史という文字から、社会
思想史＝アカと連想したのである。もちろん、このように連想した彼女がどの
ような人物なのか知る由もないし、筆者の体験談を一般化することはできな
い。しかし、1990年代半ばでもそのようなことがあったことからすると、20
世紀初頭に社会学と社会主義を混同するようなことがあったとしてもそれほど
不思議ではないように思われる。

　それではフラーやプロクターが主張するように、価値自由を政治的・社会的
文脈において捉え直すと、どのようなことが言えるだろうか。プロクターにし
たがえば、価値自由を金科玉条のように捉える必要がなくなり、社会的・政治
的状況に応じて、価値自由を考え直すことができる。そうだとすれば、フラー
のように、社会学と社会主義を結びつけることも可能かもしれない。しかし、
問題がないわけではない。

6.3 価値自由と教育

　それは社会学教育の問題である。価値自由が唱えられた背景の一つには、ど
のように社会学を教えるべきなのかという問題がある。この点について、教師
は自らの政治的立場を学生に押し付けてはならないとヴェーバーは主張する
（ウェーバー［1919］2018, 60）。その観点からすれば、フラーの議論は教師とし
てではなく、むしろ政治的指導者としてなされている。もちろん、フラーは議
論を引き起こすために極論を述べていると考えられることに注意すべきだろ
う。しかし、ヴェーバーの議論は社会学者個々人の倫理に訴えるにとどまって

いる。また、ヴェーバー自身が価値選択を決断主義的に捉えているところにも問題がある。その点については、価値の多神論についての彼の議論に見て取れる。ヴェーバーによれば、実践上の立場は学問的には主張することはできない。なぜなら、実践上の立場は様々な価値秩序を前提としており、その秩序は和解できない闘争状態にあるからである（ウェーバー［1919］2018, 65）。

　こうしたヴェーバーの議論が抱える難点を乗り越えるために、ここではポパーの**客観性**に関する議論を検討してみよう。ポパーの考えでは、客観性は個々人の態度ではなく、相互批判の制度化が重要である。彼はある小さな会議において出会った人類学者について述べている。その人類学者は四日間の会議中議論に参加することもなく、ポパーや他の参加者たちが議論を行うという集団行動にどのように関与するのかの観察に集中していた。この人類学者はポパーたちが実際に何を議論していたのかその詳細については把握していないと述べた。もしそんなことをしてしまったとしたら、彼は討論に巻き込まれてしまい、自らの客観性は消滅してしまっていただろうと言うのである。このような客観性の捉え方をポパーは批判する。ポパーの考えでは、**科学的客観性**は科学者がお互いを批判し合うという批判的伝統の中にある。このような批判的伝統はそれを可能にするような社会的・政治的な環境を前提としている（ポパー［1984］1995, 122–127）。したがって、単純に客観性を重んじて、研究対象の現象から超然とした、中立的な態度を取ればそれで良いわけではない。

　こうしたポパーの議論は客観性を社会科学者個々人にではなく、**相互批判の制度化**に委ねるという意味で評価に値する。しかし、教室において相互批判が本当に可能なのだろうか。ヴェーバーが価値自由の文脈で特に問題にしていたのは大教室での講義である。そこでは、成績評価に関わるなどの理由で学生が自由に発言しにくい状況が今でも存在しており、ヴェーバーが問題にしていた、教師と学生の権力関係の問題は未解決のままである。その点については、ポパーも十分な解決策を提示しているわけではない。彼は師と弟子たちによるソクラテス的な対話を重視していた。しかし、師弟関係に上下関係がつきまとうことは否定できない。そのため、うまい解決策はまだ見つかってはいない。

一つの手段としては、北米の大学でティーチングアシスタントに採点を担当させるように、講義担当者と採点担当者を分けることが考えられる。しかし、どのようにティーチングアシスタントを配備すべきかなどのコストに関わる問題が残る（Yoshida 2009, 105-106）。

7. 価値自由とスタンドポイント理論

　ここまでフラーの議論を中心に、現代における価値自由の問題を見てきた。この節では、さらに別の視点から検討してみよう。その視点とはアメリカの哲学者サンドラ・ハーディング（1935-）によって推進された**スタンドポイント理論**である。スタンドポイントは「立場」や「立脚点」と訳せるけれども、カタカナ書きが一般的であると思われるので、それにならって使うことにする。現代のフェミニスト哲学を代表する人物の一人として知られるハーディングによれば、スタンドポイント理論は1970年代から1980年代にかけての、G・W・F・ヘーゲルやカール・マルクスに触発された女性研究者たちの研究に起源を持つ。マルクス主義者が労働者階級には独自のスタンドポイントがあると主張したように、こうした研究においては異なる政治的・社会的状況にいる人々は異なる情報へのアクセスを有すると主張された。こうした研究を踏まえてハーディングが示したのは、これまで客観的であると考えられてきた科学的知識も社会的に条件づけられており、必ずしも客観的ではないという認識である（Harding 1993, 53-54; ハーディング [2006] 2009, 130-132）。

　科学的知識も社会的に条件づけられているならば、ハーディングは科学的客観性を否定する相対主義者なのかという疑問を持つ読者もいるかもしれない。しかし、ハーディングはそれを否定する。むしろ、従来のフェミニスト認識論も含めた、現代の経験主義的な科学観が前提とする客観性概念はその目的を達成するには弱すぎるので、より強い客観性が必要であると彼女は主張する。ハーディングによれば、様々な科学的研究が性差別的である、あるいは男性中心的である原因は、既存の方法や規範に厳格にしたがっていないことにあると

従来のフェミニスト認識論は捉える（Harding 1993, 51）。言い換えると、既存の方法や規範に問題はなく、むしろそれを徹底しなかったことに問題があることになる。こうした立場に対して、既存の方法や規範が性差別や男性中心性を排除するには弱すぎるので、それを強化しようとするのがスタンドポイント理論である。ハーディングの考えでは、その助けとなるのが、女性をはじめとする周辺化された人々である。既存の方法や規範は主流派の考えに基づいており、そこには周辺化された人々の視点が欠けている。スタンドポイント理論は周辺化された人々の暮らしや経験を取り入れることによって、周辺化された人々の暮らしについてはもちろんのこと、主流派の人々の暮らしに対しても、新たに批判的な問いを投げかけようとする（Harding 1993, 67-69）。ハーディングによれば、こうした理論は知識を生み出す主体から歴史的・政治的要素を排除する経験主義とはかけ離れた立場である。このように歴史的・社会的状況を超越した主体を批判するところからも、ハーディングが価値自由や客観性を**中立性**と同一視していることが見て取れる。

　アメリカのフェミニスト科学哲学者シャロン・クラスノウ（生年不明）によれば、スタンドポイント理論は三つのテーゼから成り立つ。それは位置づけられた知識テーゼ、認識的特権テーゼ、そして達成テーゼである（Crasnow 2013, 417; Crasnow 2014, 147）。最初の**位置づけられた知識テーゼ**については、既にスタンドポイント理論を紹介してきたところからも分かる通り、知識が社会的に位置づけられていることを意味する。すなわち、知識は社会的・政治的・文化的条件に依存する。これは知識が様々な条件から遊離した、中立的なものではないことを含意する。二番目の**認識的特権テーゼ**は、女性をはじめとする周辺化された人々は主流派の人々にはアクセスできない情報にアクセスできるというものである。クラスノウによれば、このテーゼは全ての女性が他人にはアクセスできない情報に自動的にアクセスできるものと誤解されてきた（Crasnow 2014, 148）。女性であっても、それぞれの環境や状況が千差万別であることをスタンドポイント理論家は認める。しかし、それではそれぞれの人々が他人にはアクセスできない情報にアクセスできるという相対主義に陥るので

はないかという懸念が挙げられてきた。この点について、ハーディングは全て
の社会的状況が平等であるという考えを否定し、ある状況は別の状況よりも研
究を進める上で優れていると主張する（Harding 1993, 61）。最後の**達成テーゼ**
は政治的な集団意識を形成するというものであり、詳しくはクラスノウが提唱
する、関心に基づく客観性を紹介する際に言及する。

7.1 ハーディングの強い客観性

　ここまでスタンドポイント理論の概要を紹介してきたけれども、論者によっ
ても立場の違いが見られる。ここでは、ハーディング、イギリス出身でカナダ
のブリティッシュコロンビア大学を拠点とするアリソン・ワイリー（1954-）、
そしてクラスノウの立場を確認していこう。まず、元々の提唱者であるハー
ディングは**強い客観性**という概念を軸に議論を展開している。既存の客観性概
念では弱いという主張から、ハーディングがなぜ強い客観性という概念を必要
とするのか見て取れるだろう。ハーディングによれば、強い客観性には知識の
対象に対してだけでなく、知識の主体に対しても同じように批判的な考察が必
要である（Harding 1993, 69）。知識の主体を最大限批判的に考察するためには、
周辺化された人々の観点が欠かせない。そうすることによって、ハーディング
は科学的研究を民主化しようとする。この二重の意味での批判性こそ、強い客
観性が満たすべき条件である。このように、ハーディングが客観性を強化する
ために、主流派の観点だけでなく、周辺化された人々の観点を導入することは、
知識の主体が単一ではなく、複数になることを意味する。ハーディングの考え
では、女性の暮らしに基づくフェミニスト的知識において、そこで言及されて
いる女性は出身、経済的状況、性的指向、あるいは宗教など実に様々である。
しかし、こうした複数のスタンドポイントに基づく考え方は避けられるべきも
のではなく、より部分的でも捻じ曲げられてもいない形で自然や社会生活を説
明することができるとハーディングは考える（Harding 1993, 65）。しかしクラ
スノウも指摘するように、どのスタンドポイントが優れているのかを決めるた

めの基準をハーディングは示していない（Crasnow 2013, 418-419; Crasnow 2014, 151）。

7.2 ワイリーによる客観性の再構成

　前項で紹介したハーディングが伝統的な認識論に対して批判的な立場を取るのに対して、比較的穏健な形でスタンドポイント理論を展開し、客観性を再構成しようとするのがワイリーである。まず、位置づけられた知識テーゼに関するワイリーの立場を確認してみよう。

　ワイリーによれば、客観性とは特定の研究対象や研究プロジェクトについて中立的で冷静であるという行為者の特性、あるいは知識の対象の特性を通常意味する。ここから他の論者と同じく、ワイリーの出発点も中立性としての客観性であることが分かる。もう一つ別の考え方として、客観性は知識に関する主張の特性であるということをワイリーは提示する。知識に関する主張の客観性は経験的十全性、説明力、そして他の確立した知識体系との一貫性などの基準を満たすことによって保証されると彼女は論じる。これは彼女自身も認めるように、トーマス・クーンやその他の論者も提示している、一般的な見解に基づいている。ワイリーの考えでは、スタンドポイント理論は、認識する者の中立性という意味での客観性が知識に関する主張の客観性を保証するという考え方を問題視してきた。確かに、中立的な観点が研究の役に立つことはある。しかし、中立的ではないスタンドポイントに基づいたやり方も同じように研究の助けになりうるとワイリーは主張する。また、知識に関する主張の客観性を保証する基準は同時に最大化されるわけではないと彼女は論じる。例えば、説明力の基準を追求すれば、経験的十全性の基準の追求を犠牲にする必要がありうる。どの基準を優先するのかはその時々の研究や問題に依存するとワイリーは述べる。つまり、客観性を保証する基準の使い方は文脈に依存することになる。ここから、価値観やスタンドポイントは研究上有益ではあるけれども、その役割は状況依存的であるとワイリーは結論づける（Wylie 2004, 345-346）。

次に、認識的特権テーゼをワイリーがどのように考えているのか見ていこう。不利な立場にいる人々が証拠へのアクセスや解釈上や説明上の仮説についてある意味で特権的な立場にいることを、ワイリーはハーディングと同じく認める。例えば、家事労働をしている人々は、していない人々には見えない証拠にアクセスすることができる。しかしワイリーによれば、違った形で証拠にアクセスすることそれ自体は利点にはならない。むしろ、入手可能な証拠からパターンやつながりを見抜く能力の方が重要であり、この能力は自動的に手に入るわけではないとワイリーは指摘する（Wylie 2004, 347-348）。

ワイリーの主張はハーディングのものと比べて、政治的な方向性はそれほど強くない。確かに、ワイリーは社会的な構造の違いが人々の仕事や社会関係やそこでの権力関係などに違いをもたらすことを認める。また、社会的な位置づけが認識の上でどのような効果を持つのかについても関心を持っている。しかし彼女はハーディングのように、スタンドポイント理論は科学の民主化を目指すとまでは主張せず、スタンドポイントと知識の関係を分析することにとどまっている。

7.3 クラスノウの関心に基づく客観性

ここまでハーディングとワイリーの見解を見てきたけれども、両者とも異なる立場を示しているのがクラスノウである。彼女は客観性を**集団に共有された関心**の観点から捉え直そうとする。クラスノウによれば、科学的研究において行われていることは現実世界における複雑な対象をありのままに捉えることではなく、そうした対象のモデルを作ることである。こうしたモデルを作る際には研究目的に沿った特徴が重視される。これは、科学的研究においては現実世界の対象のあらゆる特徴に注目するのではなく、どのような問いに答えようとするかに応じて何らかの特徴だけが選択されていることを意味する。言い換えると、どんな問題関心を持つかによって、異なるモデルが構築されることになる。このことが含意するのは、ある関心に基づいて構築されたモデルは別の関

心を持つ人々にとっては役に立たないかもしれないことである。例えば、家事労働に興味のない男性の関心を反映して構築されたモデルは、家事労働を行っている女性の関心に必ずしも沿うわけではない。クラスノウの考えでは、スタンドポイント理論が求めるのは、社会的現実を捉えるモデルを構築する際に用いられるように女性の関心をはっきりと意識することである。このように生み出された社会科学は女性の暮らしに関係する特徴を選択したモデルを用いているので、女性のためのものであるとクラスノウは主張する。彼女はここで示されている考え方が、集団の集合的関心に役立つ道具としての知識であることを肯定する。クラスノウによれば、社会科学の研究に政治的な目的を組み込むことによって、スタンドポイント理論は客観性に関する伝統的な考え方を修正しようとしている（Crasnow 2014, 155–157）。

　このような見解に基づいて、クラスノウがスタンドポイント理論の第三のテーゼである達成テーゼをどのように示すのか見ていこう。ここまでの議論から分かるように、**関心に基づく客観性**は位置づけられた知識テーゼと認識的特権テーゼを含意する。人々の関心に基づいてモデルが構築されている以上、そこから得られる知識は位置づけられているし、その関心を持つ人々が特権的なアクセスを有することも明らかだろう。しかし、ここで問題となるのは、人々がそれぞれ異なる関心を有することである。ここでクラスノウはハーディングとは異なる考え方を提示する。ハーディングの議論においては、周辺化された人々は主流派の人々に対して、社会的な場所を占めるための争いを挑んでいるという形で特徴づけられる。それに対して、研究対象の人々の暮らしから始めて、その人々とともに生きることによって、その人々と関心を共有し、知識共同体を形成することがスタンドポイント理論の重要な課題であるとクラスノウは主張する。共同体や社会構造との交渉やともに奮闘することを通した集合的な関心の創出、それがクラスノウが主張する達成テーゼの内実である（Crasnow 2014, 157–160）。

8. おわりに

　ここまで、社会科学上の認識と社会科学者が持つ価値観の関係について、様々な見解を検討してきた。そこから言えるのは、まず、社会科学上の認識と社会科学者の価値観を分けることの難しさを率直に認めなければならないことである。社会科学者も人間である以上、様々な**バイアス**を持っている。そのバイアスを根絶することはできない。それを根絶しようとすることは、社会科学者に人間であることをやめるように要求することと大差ない。もちろん、バイアスを放置して良いわけではない。そのまま放置してしまえば、社会科学の研究がそれぞれの研究者の価値観の表明にすぎなくなってしまうかもしれないからである。残念ながら、この問題には抜本的な解決策が存在するわけではない。しかし、解決の手がかりはネーゲル、ポパー、そしてクラスノウが提示した考えに求められるのではないかと思われる。こうした論者はそれぞれに立場の違いはあっても、社会科学者がバイアスを持っていることを認め、それを知識共同体の批判にさらし修正していく必要性を論じた。これは、自分が持っているそれまでの認識から新しい認識へと開かれていくことを意味するという点では、第4章で論じた文化相対主義の話に通ずるものがある。自らの認識を絶対視せずにバイアスがあることを認め、他者からの批判に耳を傾け、それを修正していくこと、そこから始めるしかないと思われる。その意味では、社会科学における客観性とは、一部の論者が考えるように、中立的であることを装うのではなく、自らの主張を絶えざる批判にさらす態度に依拠することになるだろう。

読書案内
　冒頭で紹介した1990年代初頭のアメリカにおける犯罪発生率の低下に関する研究については、レヴィット／ダブナー（[2005] 2007）『ヤバい

経済学』の第4章「犯罪者はみんなどこへ消えた？」に依拠している。事実と価値の二分法や自然主義的誤謬については、ヒューム（[1739-40]1995-2012)『人間本性論』とムア（[1903]2010)『倫理学原理』を参照すること。ヴェーバーの価値自由論とそれに対する批判については、ヴェーバー（[1904]1998)『社会科学と社会政策にかかわる認識の「客観性」』、シュモラー（[1893]2002)『国民経済、国民経済学および方法』、そしてヴェーバァ（[1917]1980)『社会学・経済学における「価値自由」の意味』に目を通す必要がある。ネーゲルの価値自由論は、ナーゲル（[1961]1968-1969)『科学の構造』の第13章「社会科学の方法論的諸問題」において示されている。テイラーの価値自由論については、Taylor (1985) *Philosophy and the Human Sciences*に所収の二本の論文 "Neutrality in Political Science" と "Interpretation and the Science of Man" が重要である。フラーの社会主義的プロジェクトとしての社会学については、Fuller (2006) *The New Sociological Imagination*を参照のこと。フラーが依拠しているプロクターの価値自由に関する議論は、Proctor (1991) *Value-Free Science?*にある。フラーの *The New Sociological Imagination* に関する筆者の書評論文として、Yoshida (2009) "Sociology as a Political Project" がある。この章の第6節の記述はそれを踏まえている。また、そこで言及しているポパーの見解は、ポパー（[1984]1995)「社会科学の論理」に依拠している。これは元々1961年のドイツ社会学会においてフランクフルト学派のテオドール・アドルノ（1903-1969)と討論を行うために書かれた論文である。その後、この討論はポパーの影響を受けたハンス・アルバート（1921-)とアドルノの影響を受けたユルゲン・ハーバーマス（1929-)に引き継がれ、実証主義論争として知られている。この論争は重要ではあるものの、ドイツにおける論争を論じることは筆者の手に余るため、この本では残念ながら扱うことができない。実証主義論争を収めた論文集としては、アドルノ／ポパー他（[1969]1992)『社会科学の論理』がある。しかし、この論文集の編集方針についてポパー自身が疑義を唱えていることに注意する必要がある。スタンドポイント理論を代表する論者であるハーディングの著作で日本語で読めるものとしては、ハーディング（[2006]2009)『科学と社会的不平等』がある。ワイリーの見解については、Wylie (2004) "Why Standpoint Matters"を参照されたい。クラ

スノウの立場については、Crasnow (2013) "Feminist Philosophy of Science" と Crasnow (2014) "Feminist Standpoint Theory" が参考になるだろう。この章では紹介することのできなかったフェミニスト科学哲学の別の流れとして、フェミニスト経験主義がある。フェミニスト経験主義については、二瓶（2018）「批判的文脈的経験主義における科学の社会性と客観性」や二瓶（2020）「フェミニスト経験主義における価値・事実ホーリズムの批判的検討」が参考になるだろう。

参考文献

アドルノ、T. W.／ポパー、K. R. 他（［1969］1992）『社会科学の論理——ドイツ社会学における実証主義論争』新装版、城塚登・浜井修・遠藤克彦訳、河出書房新社

伊勢田哲治（2003）『疑似科学と科学の哲学』、名古屋大学出版会

伊勢田哲治（2020）「生物学者は「自然主義的誤謬」概念をどう使ってきたか」『Daily Life』、7月16日、http://blog.livedoor.jp/iseda503/archives/1916934.html（2021年7月12日閲覧）

ヴェーバー、M.（［1904］1998）『社会科学と社会政策にかかわる認識の「客観性」』、富永祐治・立野保男訳、折原浩補訳、岩波書店

ヴェーバァ、M.（［1917］1980）『社会学・経済学における「価値自由」の意味』改訂版、木本幸造監訳、日本評論社

ウェーバー、M.（［1919］2018）『仕事としての学問　仕事としての政治』、野口雅弘訳、講談社

坂敏宏（2014）「Max Weber の‘価値自由’の科学論的意義——テキストの再検討」『社会学評論』65 (2): 270-286

シュモラー、G. v.（［1893］2002）『国民経済、国民経済学および方法』、田村信一訳、日本経済評論社

ナーゲル、E.（［1961］1968-1969）『科学の構造』全3巻、勝田守一校閲、松野安男訳、明治図書出版

二瓶真理子（2018）「批判的文脈的経験主義における科学の社会性と客観性」『松山大学論集』29 (6): 31-53

二瓶真理子（2020）「フェミニスト経験主義における価値・事実ホーリズムの批判的検討」『東北哲学会年報』36: 15-28

南風原朝和（2002）『心理統計学の基礎——統合的理解のために』、有斐閣

ハーディング、S.（[2006] 2009）『科学と社会的不平等——フェミニズム、ポストコロニアリズムからの科学批判』、森永康子訳、北大路書房

ヒューム、D.（[1739-40] 1995-2012）『人間本性論』全3巻、木曾好能・石川徹・中釜浩一・伊勢俊彦訳、法政大学出版局

ポパー、K. R.（[1945] 1980）『開かれた社会とその敵』全2巻、内田詔夫・小河原誠訳、未來社

ポパー、K. R.（[1984] 1995）「社会科学の論理」『よりよき世界を求めて』、小河原誠・蔭山泰之訳、113-141、未來社

ムア、G. E.（[1903] 2010）『倫理学原理』、泉谷周三郎・寺中平治・星野勉訳、三和書籍

レヴィット、S. D.／ダブナー、S. J.（[2005] 2007）『ヤバい経済学』増補改訂版、望月衛訳、東洋経済新報社

Crasnow, S. (2013) "Feminist Philosophy of Science: Values and Objectivity." *Philosophy Compass* 8 (4): 413-423.

Crasnow, S. (2014) "Feminist Standpoint Theory." In *Philosophy of Social Science: A New Introduction*, edited by N. Cartwright and E. Montuschi, 145-161. Oxford: Oxford University Press.

Douglas, H. (2011) "Facts, Values, and Objectivity." In *The SAGE Handbook of the Philosophy of Social Sciences*, edited by I. C. Jarvie and J. Zamora-Bonilla, 513-529. London: SAGE.

Fuller, S. (2006) *The New Sociological Imagination*. London: SAGE.

Harding, S. (1993) "Rethinking Standpoint Epistemology: What Is 'Strong Objectivity'?" In *Feminist Epistemologies*, edited by L. Alcoff and E. Potter, 49-82. New York: Routledge.

Jarvie, I. C. (2001) *The Republic of Science: The Emergence of Popper's Social View of Science 1935-1945*. Amsterdam: Rodopi.

Proctor, R. N. (1991) *Value-Free Science? Purity and Power in Modern Knowledge*. Cambridge, MA: Harvard University Press.

Taylor, C. (1985) *Philosophy and the Human Sciences.* Cambridge, UK: Cambridge University Press.

Wylie, A. (2004) "Why Standpoint Matters." In *The Feminist Standpoint Theory Reader: Intellectual and Political Controversies,* edited by S. Harding, 339–351. New York: Routledge.

Yoshida, K. (2009) "Sociology as a Political Project: Fuller's Argument against Bioliberalism." *Philosophy of the Social Sciences* 39 (1): 99–106.

Yoshida, K. (2014) *Rationality and Cultural Interpretivism: A Critical Assessment of Failed Solutions.* Lanham, MD: Lexington Books.

第6章
社会科学と自然科学の関係はどのようなものか

1. はじめに

　ここまで、社会科学の哲学における様々な問題を検討してきた。この章では、最後の問いとして、社会科学と自然科学の関係を検討したい。この問題は第1章で扱った方法論的個人主義に関する論争や、第2章で論じた自然主義と解釈主義の対立とも関係している。その意味では、この問題をもっと早く扱うことも不可能ではなかった。しかし、社会科学と自然科学の関係は、この本全体に通底するテーマと言っても差し支えない。そのため、この問題は心の哲学や一般科学哲学を含めたより広い文脈に関連づけて論じる必要がある。それがこの問題をこの最終章で扱う理由である。社会科学と自然科学の関係については様々な形で論じることが可能ではないかと思われるけれども、この章では特に社会科学の自然科学への還元可能性に注目してみたい。次の引用を見てみよう。

　　学者は行動と文化の問題に取り組むとき、人類学的説明、心理学的説明、生物学的説明など、個々の学問分野の見地から適切だと思われるさまざまな説明をすることを習わしとしている。私は、本質的にただ一種類の説明しかないと論じてきた。その説明は、さまざまな空間と時間と複雑さのスケールを横断し、統合によって、すなわち継ぎ目のない因果関係の網を認識することによって、さまざまな分野における種類のちがう事実群を一つ

にまとめる。……統合的世界観の中心にある発想は、星の誕生から社会制
度の働きまで、およそ触知できるものはすべて物質的過程にもとづいてお
り、その過程は、たとえどんなに曲がりくねった長い道筋をたどるとして
も、究極的には物理法則に還元できるというものだ（ウィルソン［1998］
2002, 326）。

　これは社会生物学者エドワード・O・ウィルソンの『知の挑戦』からの引用
である。ここから見て取れるように、ウィルソンは統合に基づく還元を主張し
ており、社会科学は究極的には物理学に還元されると述べている。この章では、
社会科学の還元可能性についてどのような議論がなされてきたかを見ていくこ
とにする。まずアメリカの哲学者ジェリー・フォーダー（1935-2017）と韓国
出身で、アメリカの哲学者ジェグォン・キム（1934-2019）による心理学の還
元可能性に関する論争を紹介する。次に、進化生物学の発展を踏まえて、社会
科学を生物学へと還元しようとする社会生物学と、そこから派生した進化心理
学がどのような議論を行っているか検討していくことにする。その後で、社会
生物学や進化心理学の影響を受けながらもそれらとも異なる立場を主張した、
アメリカの科学哲学者アレクサンダー・ローゼンバーグの社会科学無効化論を
紹介する。さらに、フォーダーとキムの論争で提示された論点を社会科学へと
拡張し、非還元的な社会法則を擁護した、アメリカの心理学者キース・ソー
ヤー（1960-）の議論を紹介する。最後に、ソーヤーとも異なる観点から非還
元主義を擁護した、アメリカ出身で、南アフリカで教える科学哲学者ハロル
ド・キンケイド（1952-）の立場を検討する。

2. 心理学の還元可能性に関する論争

2.1 ネーゲルの理論間還元

心理学の還元可能性について検討する前に、一般科学哲学や心の哲学におい

てどのような議論が行われてきたかを確認してみよう。この議論においてほぼ
必ず引き合いに出されるのが、第5章5.1でも紹介したアーネスト・ネーゲル
の主張である。ネーゲルによれば、還元とは、ある状態から別の状態へという
状態間の還元ではなく、ある科学理論から別の科学理論へという**理論間の還元**
である。ネーゲルは二種類の理論間還元を考察している。一つ目の還元におい
ては、一次的科学とそれに還元される二次的科学において用いられている用語
は基本的には同一である。さらに、二次的科学は一次的科学から論理的に導き
出される演繹の関係にある。ネーゲルの考えでは、ガリレオの法則が二次的科
学であり、ニュートン力学が一次的科学である。ガリレオの法則においては自
由落下する地球上の物体が扱われているけれども、こうした法則は地球上の物
体だけでなく、天体も扱うことのできるニュートン力学によって包含されてい
る。このような還元は特に問題がなく、問題となるのは二つ目の還元である。
この還元においては、一次的科学には含まれていない用語が二次的科学に含ま
れており、何らかの工夫が必要となる。そのために必要となるのが、**架橋法則**
である。この架橋法則は一次的科学と二次的科学にまさに橋を架ける役割を果
たす。日本語しか話せない人と外国語しか話せない人のコミュニケーションを
可能にする通訳を考えてもらうと、架橋法則がどのようなものか想像しやすい
のではないかと思われる。通訳が日本語の表現を英語の表現にし、英語の表現
を日本語の表現にするようなことを架橋法則は行っている。ネーゲルが二つ目
の還元として言及しているのは、ボイル＝シャルルの法則の気体分子運動論へ
の還元である。ボイル＝シャルルの法則は「気体の体積は圧力に反比例し、絶
対温度に比例する」というものである。この法則は熱力学の法則であり、気体
分子運動論にはない概念が含まれている。そこでボイル＝シャルルの法則と気
体分子運動論を架橋する法則が考え出された。それが「理想気体の絶対温度は
それを構成すると想定される分子の平均運動エネルギーに比例する」という法
則である。この架橋法則を用いることによって、ボイル＝シャルルの法則を気
体分子運動論に還元することが可能になるのである（ナーゲル［1961］1968-
1969, 第2巻239-247; van Riel and Van Gulick［2014］2019, §2.2.3; 浅野 2017; 吉田

182

2019, 下巻 656-657）。

2.2 多重実現可能性テーゼ

　理論間還元の次に理解する必要があるのが、**多重実現可能性テーゼ**である。このテーゼを提唱したのは、アメリカの哲学者ヒラリー・パトナム（1926-2016）である（Putnam 1967）。このテーゼを極めて簡潔に言い表すならば、ある一つの心的状態を実現することができる物理的状態は複数存在するということである。言い換えると、ある一つの心的状態を実現する物理的状態は一つに確定できないため、前者を後者に還元できないことを意味する。これでも分かりづらいと思うのでもう少し話を分かりやすくするために、パトナムが挙げている例である痛みを考えてみよう。パトナムは痛みを物理的状態と同一視する立場を批判し、有機体の機能的状態であるという機能主義の立場を取る（Putnam 1967, 41）。極めて簡潔に言えば、**機能主義**とはものごとをそれが果たす機能の観点から説明する立場のことである。例えば、私たちが出血し続けているにもかかわらず全く痛みを感じず、他人にも気づいてもらえなかったとしたら、いずれ出血多量で死んでしまうかもしれない。こうした場合、痛みは身体に何らかの問題が生じていることを教えてくれる信号の機能を果たしており、痛みを覚えることによって状況に対処することができる。このような立場からパトナムは痛みを物理的状態と同一視する立場に対して反論を試みる。その際に、彼が提唱するのが多重実現可能性テーゼである。痛みと物理的状態を同一視すると、人間は同じような脳の構造を備えているのでそれぞれの人間が痛みを覚えることは認められる。ところが、人間とは異なる構造の脳を備えるその他の動物は痛みを覚えているとは言いがたくなる。しかし、人間以外の動物も痛みを覚えていると思われるのは日常的な経験から明らかである。例えば、ペットを飼っている読者は自分のペットが痛みを覚えていると考えられる状況を目にしたことがあるだろう。そこからすると、他の動物、タコ、あるいは地球外生命体も人間とは異なる構造をしていても、痛みを覚えることは可能

なはずである。つまり、痛みという心的状態を実現するには、様々に異なる物理的状態がありうることになる。これが多重実現可能性テーゼが意味することである（Putnam 1967, 44-45; 吉田 2019, 下巻657-658）。

2.3 フォーダーの個別科学擁護論

　ここまで紹介してきた架橋法則と多重実現可能性テーゼを元に、フォーダーは**個別科学擁護論**を展開する。かなり専門的な議論のため簡潔に要約するのは難しいけれども、彼が論じているのは個別科学の法則と物理学の法則を橋渡しする架橋法則の中で、物理学の法則に対応する部分を選言（「または」で命題をつなぐこと、例：AまたはB）の形で書き直すことである。これは個別科学の法則を物理学の法則に置き換えた場合、多重実現されることを反映している。前に言及した痛みの例で言えば、痛みについての心理学的法則を物理学の法則に書き換えるためには、人間の脳についての物理学的法則だけでなく、痛みを覚えるはずの人間以外の動物の脳についての物理学的法則も必要であり、それを選言の形でつなげなければならない。上で挙げた選言「AまたはB」の例で言えば、Aは人間の脳についての物理学的法則であり、Bは痛みを覚えるはずの人間以外の動物の脳についての物理学的法則であることになる。

　しかし、このように選言の形に書き換えたものは法則であるとは限らないとフォーダーは論じる。フォーダーの論点をできる限り簡単に示すために、個別科学の法則を「PならばQ」としてみよう。このPとQそれぞれを物理学へと架橋する法則を用いて書き換えてみる。例えば、Pを（R_1またはR_2または……Rn）という選言に、Qを（S_1またはS_2または……Sn）という選言に書き換える。そうすると、個別科学の法則「PならばQ」は「（R_1またはR_2または……Rn）ならば（S_1またはS_2または……Sn）」となる。フォーダーによれば、これは論理的には問題がないけれども法則としては無理がある。フォーダーが提示した次の例が理解するのに役立つだろう。ここに二つの法則「緑色植物に日光を当てると炭水化物を合成する」と「物体をこすると熱を生じる」がある。

これを選言でつなぐと、「緑色植物に日光を当てる、または物体をこすると炭水化物を合成する、または熱を生じる」というものができる。これは論理的には問題がないけれども、法則とは呼べない（Fodor 1974, 109; 吉田 2019, 下巻 661）。

フォーダーの考えでは、二次的科学である個別科学の法則が還元される一次的科学の法則には例外がない。ところが、個別科学の法則には例外がある。しかし、還元可能性の観点からすれば、例外のない法則に例外のある法則を還元するのは無理がある。それでは、二次的科学の法則も一次的科学の法則と同様に例外がないことになるのか、それとも一次的科学の法則も二次的科学の法則と同じく例外があることになるのか、どちらなのか。フォーダーは、一次的科学の法則に例外が見つかる可能性があるので、後者の方がましであると考える。個別科学の法則に例外を認めなければ、それが示そうとしている一般化が空虚なものになってしまうので、個別科学の法則に例外を認めざるをえないとフォーダーは主張する。もちろん、この例外が物理学によっていつかは説明できるかもしれない。しかし、それは実践的なレベルでは個別科学にとって問題にならない。観察可能な脳があったとしても人間の心理を理解するのに何を究明すべきかが分からないからである（Fodor 1974, 112–113; 吉田 2019, 下巻661–662）。このようにして、フォーダーは個別科学を擁護する。

2.4 キムの批判

フォーダーの個別科学擁護論に対して反論を提示したのが、キムである。キムは、フォーダーの依拠する多重実現可能性テーゼを徹底すると個別科学が擁護できなくなると批判した。

フォーダーの議論と同様に、簡潔に要約するのは難しいけれども、キムの論点は選言の形で与えられているものは法則とは必ずしも言えないのではないかという点にある。先に述べたように、この点はフォーダーも認めていた。しかし、この点を徹底すると、フォーダーのように心理学を自律的な個別科学とし

て擁護できなくなるというのがキムの主張である。例えば、選言「AまたはB」を考えてみよう。論理的には、AかBのどちらかが正しければ、この選言全体は正しくなる。つまり、選言全体を正しくするために、AとBの両方が正しい必要はない。この点に基づいてキムは自説を提示した。

　まず、強い痛みは不安を呼び起こすという法則を考えてみる。多重実現可能性テーゼによれば、この法則は人間だけでなく、その他の動物や火星人にも当てはまるはずである。人間についてはこの法則は当てはまるだろう。しかし、火星人ではどうだろうか。火星人が実際に存在するとしても、その脳の構造は人間のものとはかけ離れているように思われる。そのため、この法則は火星人には当てはまらず、火星人は強い痛みがあっても不安を覚えないかもしれない。そうだとすれば、この法則は選言全体としては正しいかもしれないものの、一般的な科学的法則とは言えない。しかし、この法則が成立しないのであれば、多重実現可能な、他の心的状態についても同じことが言え、自律的な個別科学としての心理学は成立しなくなる。言い換えると、多重実現可能性テーゼを徹底させることによって、自律的な個別科学としての心理学の可能性が掘り崩されることになる（Kim 1992, 15–17; 吉田 2019, 下巻664）。

　このような議論を元に、キム自身は**局所的還元**を主張する。キムによれば、多重実現可能性テーゼを徹底させたことによって、人間、火星人、そしてその他の動物に共通する形で心理学から物理学への還元は不可能であるとしても、人間、火星人、そしてその他の動物それぞれについて心理学から物理学への還元は可能である。そこで姿を表すのは、複数の理論が存在する心理学の可能性である（Kim 1992, 19–21; 吉田 2019, 下巻665）。

　キムの議論に対してフォーダーは反批判を行い、キムもまた応酬するという形で両者の論争は近年まで続けられてきた。しかし、ここではこれ以上は扱わないことにする。

3. 社会生物学と進化心理学の還元主義的研究プログラム

　ここまで心理学の還元可能性に関する論争を概観してきた。ここからは社会科学一般を自然科学に還元する立場を取る者たちの議論を見ていくことにしよう。その代表的な人物の一人が社会生物学者のウィルソンである。社会科学を自然科学に還元する場合の対象として以前は物理学が念頭に置かれることが多かったように思われるし、ウィルソンの場合にはそれが顕著である。しかし社会科学を物理学にまで還元することの難しさもあるためか、直接的に物理学への還元を議論するのではなく、まずは生物学への還元が論じられることが見受けられる。これはこの数十年で遺伝学や進化生物学が目覚ましい発展を遂げてきたことと無関係ではない。そのような流れの中で出てきたのが**社会生物学**や**進化心理学**である。両者を詳細に論じることは筆者の能力を超えるので、この節では、社会生物学と進化心理学がそれぞれ社会科学の還元可能性についてどのような議論を提示しているのかに注目することにする。

3.1 ウィルソンの還元主義的統一科学

　社会科学を生物学に還元しようとする議論の先駆けとなったのが、進化生物学者ウィルソンである。彼は元々社会性昆虫を中心的に研究していたけれども、1975年に『社会生物学』を出版したことで注目を集めた（ウィルソン［1975］1999）。人間行動に関する進化論的な研究において、ウィルソンの社会生物学自体は今日ではそれほど大きな影響力があるとは考えられていない（中尾 2015, 36）。しかし、彼の議論は後ほど紹介するローゼンバーグに影響を与えているため、確認しておく必要がある。

　社会生物学によってウィルソンが意図していたのは、人間を含む、全ての生物の社会的行動に関する生物学的基盤を体系的に研究することである（ウィルソン［1975］1999, 5）。進化論的な観点からすれば、全ての生物は単一、あるい

は少数の祖先を共有すると考えられ、それは人間も例外ではない。これは**共通先祖説**と呼ばれる。例えば、諸説あるものの人間とチンパンジーのDNAはかなり高い割合で共通しており、それは両者の遠い祖先が恐らく同一であることを示唆する。つまり、人間とチンパンジーは共通する祖先から進化の過程で分化し、現在に至っていることになる。このような観点からすれば、ウィルソンの主張は必ずしもおかしなものではない。しかし、ウィルソンの主張に対しては社会科学者だけでなく、進化生物学者からも厳しい批判が浴びせられた。その中で主導的な役割を果たしたのは、ハーヴァード大学でウィルソンの同僚でもあったリチャード・ルウォンティン（1929-2021）やスティーヴン・J・グールド（1941-2002）である。批判者たちの考えでは、社会生物学は社会行動の生物学的基盤を研究することで一種の遺伝子決定論を取っており、人種差別を支持するようなものである。このような批判は科学的な知見に基づくものではなく、むしろ政治的な姿勢に基づくものであり、その点で問題がなかったわけではない（セーゲルストローレ [2000] 2005, 23-27）。

　社会生物学の政治的・倫理的な含意や進化と文化の関係などをめぐる論争自体は、興味深いものではあるけれども、ここでは社会科学の還元可能性について焦点を当てることにしたい。『社会生物学』を出版した際のウィルソンは必ずしも還元主義を明確に主張していなかったように思われる。例えば、『社会生物学』の第2章冒頭では、社会のいくつかの特性は創発的であり、その研究や分析は全体論に基づいた数学的モデルを展開することが必要であるとウィルソンは論じている（ウィルソン [1975] 1999, 10; セーゲルストローレ [2000] 2005, 510）。ところが、『社会生物学』を元にして著され、三年後の1978年に刊行された『人間の本性について』においては、科学的方法の核心には還元があることをウィルソンは強調する。彼の考えでは、それを徹底させることで自然科学、社会科学、そして人文学の統合が可能になる（ウィルソン [1978] 1997, 31, 34）。生物学への社会科学の還元を論じるにあたって、ウィルソンは**正分野**と**反分野**という概念を導入する。彼によれば、正分野と反分野は上下関係にあり、下位の反分野は上位の正分野の現象を還元することによって、正分野を再編成す

る。社会科学の反分野は神経生物学と社会生物学であるとウィルソンは主張する（ウィルソン [1978] 1997, 372-373）。このように論じることで、ウィルソンは社会科学の再編成を企てた。

『社会生物学』から23年後に出版された『知の挑戦』において、ウィルソンは知識の統合を主張している。この章の冒頭で引用したように、彼は還元が統合の鍵であることを強調する。ウィルソンの考えでは、知覚できるものは基本的に全て物質的過程によるものであり、その過程は最終的には物理法則に還元できる。こうした考えに対して、社会科学者や人文学者が批判的なことをウィルソンは承知しているけれども、還元による統合が不可能なことは説得力を持って示されてはいないと彼は主張する。ウィルソンによれば、自然科学と社会科学・人文学の違いは原理にではなく、問題の規模に基づいている。つまり、還元による統合は原理的に不可能であるわけではない（ウィルソン [1998] 2002, 326-327）。もちろん、ウィルソンの主張自体は自然科学・社会科学・人文学の統合が原理的に不可能ではないことだけであって、その統合が可能であることが原理的に示されているわけではない。その意味で、ウィルソンの主張は彼自身認めるように、科学的なものではなく、一部の科学者と哲学者に共有されている世界観でしかない（ウィルソン [1998] 2002, 14）。

第2章2.2で論理実証主義者の統一科学運動について紹介し、そこでは論理実証主義者は必ずしも還元主義を目指していたわけではないと述べた。それとは対照的に、ウィルソンは還元主義的な統一科学を目指していたと言える。論理実証主義が影響力を発揮していた1920年代から1940年代初めには、進化生物学や脳神経科学が未発達のためにどのように脳が働いているのかが理解されておらず、それがまさに論理実証主義の欠点であるとウィルソンは指摘している（Wilson 1998, 25-27）。また、『知の挑戦』の書評において、フォーダーも論理実証主義に言及しながら、ウィルソンが物理主義的還元主義の立場を取っていることを指摘し、現在の科学において起こっているのはウィルソンが主張する科学の統合ではなく、増殖であると論じている（Fodor 1998）。このようなところからも、ウィルソンが論理実証主義を意識しつつ、それとは異なる形

の統一科学を志向していたことが分かる。

　先ほど『社会生物学』においては、ウィルソンは還元主義を必ずしも取っていなかったと述べた。ウィルソンは立場を変えたのかが気になる読者もいるかも知れない。それについて、ここではっきりとしたことは言えない。しかし、『社会生物学』の出版から三年後には還元の重要性を論じていたことからすると、立場を変えたというよりは元々内在していた還元主義を明確にしたと捉える方が適切ではないかと思われる。

3.2 進化心理学

　ウィルソン自身が生物の多様性保護に関心を転換したこともあり、社会生物学はそれほど勢いのある運動ではなくなってしまった。しかし、人間の社会行動を進化論的な観点から説明する考え方そのものが完全に退けられたわけではなく、社会生物学とは距離を取りつつ、装いも新たな形で提案されたのが**進化心理学**である。ウィルソン自身は社会生物学ではなく、進化心理学という名称が用いられていることに不満を持っているらしく、両者は同じであると主張している（Wilson 1998, 18; セーゲルストローレ [2000] 2005, 551–553）。進化心理学については、第2章において自然主義との関係で紹介しているので、ここでは還元の問題に注目して検討してみよう。

　第2章3.3で取り上げたジョン・トゥービーとリーダ・コスミデスは1992年に英文で118ページにも及ぶ、非常に長大な論文「文化の心理学的基盤」を執筆している（Tooby and Cosmides 1992）。普通の学術論文がせいぜい20から30ページ程度であると言えば、その長さが分かってもらえるのではないだろうか。この論文は、第2章3.3でも紹介した標準社会科学モデル（SSSM）という概念を導入しており、進化心理学の基本的な方向性を指し示す宣言文であるとみなすことができる。この論文において、トゥービーとコスミデスは、既存の社会科学が基づくSSSMには心理学的な観点から重大な問題が潜んでいることを指摘した。SSSMの特徴を整理すると、全体論、文化創造主義、生物学恐怖

症、そして心の白紙説の四つになる。それぞれの内容については既に説明したため、ここでは繰り返さない。

　トゥービーとコスミデスがエミール・デュルケームとクリフォード・ギアツを標的としていたこと、そして後者の立場が社会科学の一部でしかないことについては既に論じた通りである。また、ギアツは主流派の社会科学を批判して、社会科学は文学や文芸批評などの人文学と融合する必要があると主張していた。その意味で、SSSMが社会科学の標準と言いがたいことは明らかである。

　トゥービーとコスミデスはSSSMの問題点を次のように論じている。SSSMによれば、人間の心は白紙なので訓練次第で人間を思う通りに形成できる。しかし、人間の心は白紙ではなく生得的であり、進化的な過程を経て獲得された。したがって、SSSMが考えるように人間を形成することはできない（Tooby and Cosmides 1992, 33-34）。このように論じるとき、トゥービーとコスミデスは第2章3.1で紹介した、ジョン・ワトソンの行動主義を念頭に置いていた。自分に赤ん坊と育てるための特殊な環境さえ与えてくれれば、その赤ん坊をどんな専門家にでも育て上げてみせるとワトソンは主張したことで知られている（ワトソン [1924] 2017, 116）。トゥービーとコスミデスにとって受け入れがたいのは、まさにこの主張である（Tooby and Cosmides 1992, 35）。

　トゥービーやコスミデスがデュルケーム、ギアツ、そしてワトソンの考え方をまとめてSSSMと命名し、批判した最大の理由は、SSSMから文化相対主義が導き出されると考えたからである。トゥービーやコスミデスの考えでは、文化相対主義を退け、人類の心的統一を擁護するために、人間本性という考えを復活させる必要がある。人類が生物学的に一つであることを示すことができれば、文化的差異は些細なものになり、文化相対主義を恐れる必要はなくなる（Yoshida 2014, 66-67）。

　第4章でも論じたように、文化相対主義を退ける必要性は理解できる。しかし、進化心理学の立場には問題がある。社会的なものは心理学的・生物学的なものが作りだしたと考えることにより、進化心理学者は**心理学主義**に陥っている（Tooby and Cosmides 1992, 21-24; Yoshida 2014, 67）。既に第1章2.6で見て

きたように、あらゆる社会法則は人間本性に還元できなければならないという
立場が心理学主義であり、進化心理学はその現代版であると考えられる。この
点はスティーヴン・ピンカーが現代の進化論を社会契約説の伝統に位置づけて
いるところからも見て取れる（ピンカー［2002］2004, 下巻13-14）。第1章4.1で
は、方法論的個人主義には心理学主義的個人主義と制度論的個人主義の二種類
があると論じた。そこからすると、進化心理学は前者の心理学主義的個人主義
に属することになる。

　生物学への社会科学の還元を明言するウィルソンとは異なり、トゥービーと
コスミデスは自分たちが目指すのは統合ではあっても、生物学や心理学への還
元ではないと主張する（Tooby and Cosmides 1992, 114-115）。ウィルソンが『人
間の本性について』から20年後に著した『知の挑戦』においても、還元主義
を擁護していたのとは大きな違いである。その意味で、ウィルソンと進化心理
学者の間には影響関係が見られるものの、完全に一枚岩というわけではない。
しかし、進化心理学が心理学主義に強く影響されており、還元主義的な傾向が
見られるのは明らかである。

　心理学主義の問題点は、それが社会成立以前に人間が存在したという社会契
約の神話に陥っていることにある。もちろん、トーマス・ホッブズの社会契約
説が一種のフィクションであることは第1章2.1で見てきた。また、ピンカー
も人類が孤立した存在ではなかったことを認める（ピンカー［2002］2004, 下巻
14）。しかし、社会契約説の立場から社会を見ることは、人間の本性や心理が
社会成立以前に存在していたかのように考えなければならないことを余儀なく
させる（ポパー［1945］1980, 第2部91）。人間は社会的空白に生まれ落ちてくる
わけではないのだから、そもそもこうした考え方に問題がないのかを考える必
要がある。しかも心理学主義では社会現象の多くを占める、人間の行為の**意図
せざる結果**を説明することもできない。もちろん、人間の脳や心が社会現象に
影響を与えていることは否定できない。しかし、社会現象は人間の脳や心の外
部に発生する。そうだとすれば、人間本性や人間についての生物学的・心理学
的理解以上のものが、社会現象を説明するためには必要となる（Yoshida 2014,

67-68）。その意味では、フリードリヒ・ハイエクが言うように、社会現象とし
ての社会制度や社会構造は全知全能の誰か一人によって作られたものではな
く、集合的行為の意図せざる結果である（ハイエク [1952] 2011, 90）。ところが、
SSSMを批判しようとして、進化心理学者は社会制度の重要性や社会科学の研
究を無視している。こうした点を改善しない限り、進化心理学が社会科学に対
して新たな基盤を提示する可能性は考えにくい。

4. ローゼンバーグの社会科学無効化論

　ここまで社会生物学者や進化心理学者の主張を見てきたけれども、こうした
主張について社会科学の哲学の観点からはどのようなことが言えるだろうか。
この問いを考える上で、参考になるのがローゼンバーグの議論である。ローゼ
ンバーグは経済学の哲学から出発したけれども、現在では生物学の哲学につい
ての業績が中心である。彼は社会科学の哲学の入門書を執筆したことで知られ
ており、それは2021年時点で第5版まで版を重ねている（Rosenberg [1988]
2016）。その意味では、生物学の哲学を中心に研究しているものの、彼は社会
科学の哲学を代表する研究者の一人である。しかし、彼の立場は社会科学の哲
学としてはかなり特異である。ローゼンバーグは第2章で見たような自然主義
の立場から、社会科学は生物学に包摂されると主張する。彼の著書の一つの題
名において使われている言葉を借りれば、彼が目指しているのは**社会科学の無
効化**（preemption）である（Rosenberg 1980）。

　ローゼンバーグは既存の社会科学の多くが**素朴心理学**に基づいていることを
指摘する。素朴心理学とは見慣れない用語かもしれないけれども、私たちが人
間の心について常識的に持っている見解を指す。ローゼンバーグは素朴心理学
について詳細に分析している。しかし、ここでは簡潔な形で十分だろう。ロー
ゼンバーグによれば、素朴心理学とは次のことを意味する。すなわち、行為者
xが結果dを望み、ある条件のもとで行為aを行うと結果dが得られると思うの
であれば、その行為者xはaを行うというものである（Rosenberg [1988] 2016,

39)。これでは少々抽象的なので具体例を考えてみよう。大学から離れたところに暮らす私は4限の授業に遅刻せずに出席することを望んでいる。そのためには午後1時半に最寄り駅を発つ電車に乗車しなければならないと思う。そこで、私は午後1時半発の電車に乗車する。これが素朴心理学によって意味されていることである。

　しかし、この素朴心理学は科学的法則にはなりえず、せいぜいのところ偶然的な一般化にすぎないとローゼンバーグは主張する。彼によれば、この素朴心理学自体が反証可能ではないし、しかもその内容は多重実現可能である（Rosenberg 1980, 108; Rosenberg [1988] 2016, 53）。その上、そこで用いられている概念も自然種ではない。この**自然種**という用語にも説明が必要だろう。ローゼンバーグはサカナという概念を例として使っている。サカナを水生動物と定義してみる。その定義に基づき調べてみると、サカナとはエラ呼吸をする動物であるという仮説を考えつく。しかし、イルカやクジラなどの動物は哺乳類であり、エラ呼吸をしているわけではない。イルカやクジラ以外にも例外を考えつくことが可能である。それは水生動物というサカナの定義に原因があり、サカナという概念を法則的な意味で一般化されているとみなすことは難しい。すなわち、サカナという概念は自然種ではない。ローゼンバーグの考えでは、素朴心理学で用いられている概念も法則的な意味で一般化されているわけではない（Rosenberg 1980, 109-111; Rosenberg [1988] 2016, 22）。ここから、彼が社会科学の法則を生物学の法則に単純に還元しようとしているわけではないことが見て取れる。その点では、ローゼンバーグは社会生物学者や進化心理学者の方法論的個人主義とは一線を画し、むしろ方法論的集団主義に近い立場を取る。しかし、ローゼンバーグは社会法則の自律を認めるわけではない。その際に、ローゼンバーグが依拠するのが**機能主義**である。

　機能主義については痛みについて説明した際にも触れたので、ここでは先ほどとは異なる例を考えてみよう。例えば、人間には心臓という臓器がある。心臓の機能は血液を循環させることによって生命活動を維持することである。これは生物学的な機能の話であるけれども、社会制度や慣習についても同じよう

に機能の観点から説明することができる。例えば、ローゼンバーグは結婚に言及している。結婚によって私たちが普通考えるのは、お互いに愛情を持った他人同士が共同の社会生活を営むことだろう。これに対して、ローゼンバーグは機能主義者としてのデュルケームの見解に言及しながら、結婚には社会的な結びつきを確固としたものにし、社会の統合を保つ機能があると述べている（Rosenberg 2017, 148）。このように結婚のような社会制度には、関係者によって意図され認知されている機能と関係者によって意図されず認知されてもいない機能の二種類があり、第2章第5節で取り上げたロバート・K・マートンはそれぞれ**顕在的機能**と**潜在的機能**と呼んでいる（マートン [1949] 1961, 46）。

　ここまで見てきたような社会学における機能主義に対して、ローゼンバーグは必ずしも満足せず、さらに生物学的機能主義へと一歩足を踏み出そうとする。彼の考えでは、社会科学には機能主義が必要であり、そうである以上、生物学的機能主義へ向かわざるをえない。社会制度や慣習を機能主義の観点から説明する場合には、なぜある種の社会制度や慣習は存続し、また別種の社会制度や慣習は消滅するのかという問題を考慮しなければならない。ローゼンバーグが好んで取り上げる慣習に纏足がある。これは中国において長年行われていたもので、女性の足を幼少期から縛り上げることによって小さく見せるという慣習である。この慣習が行われるようになった理由は次のように説明される。纏足が行われている女性にとって、日常的な行動が困難なことは明らかだろう。それはこの女性が働く必要がないほどの裕福な家庭の出身であることを示唆する。したがって、女性の資産を目当てにして、より多くの求婚者を引き寄せることになるというわけである。その結果として、資産に多少の余裕のある家族はこぞって自分の娘に纏足を施すようになり、纏足という慣習が広まることになった。しかし、それなりの資産があり適齢期の女性が皆纏足を行うと、他者との差別化は困難になり、むしろその健康への害が目立つようになる。それにもかかわらず、纏足という慣習は慣習であるがゆえに存続していた（Rosenberg 2017, 149-150）。

　もちろん、全ての社会制度や慣習が存続し続けているわけではない。纏足の

ように中央政府などの命令により消滅するものもあれば、法的に存在が保障されていない社会制度や慣習であれば自然消滅するものもあるだろう。このような社会制度や慣習の存続や消滅を説明するために、ローゼンバーグはダーウィン的適応のメカニズムに訴える。チャールズ・ダーウィンの進化論の中核をなすのは共通先祖説と自然選択説であると考えられている。共通先祖説については3.1で社会生物学を紹介する際に触れたので繰り返す必要はないだろう。もう一つの自然選択説がローゼンバーグの考えを理解するのに必要となる。非常に簡単に言えば、**自然選択説**とは次のような説である。どんな種でも変異が生じ、個体によって様々な形質を備える。しかし、個体の生息環境に応じてどの形質を備えているかが、個体間の生存闘争において有利に働く場合がある。その結果として、ある環境において有利な形質を備えている個体が同じ形質を備えた子孫を残すことに成功し、不利な形質を備えた個体は子孫を残せずに消える（ダーウィン [1859] 1990, 上巻 170-174; 伊勢田 2003, 40-41）。例えば、進化論を説明する際に引き合いに出されることの多いキリンを考えてみよう。キリンの首は長いことで知られている。進化論においては、キリンの首の長さは次のように説明される。遠い昔に存在したキリンの先祖には、首の長い個体と首の短い個体が存在した。しかし、食物が少ない時期には首の長い個体の方が高木の葉を食べるのに有利だった。そのため、首の長い個体は生存闘争に生き残ることができ、その結果、首が長いという生存闘争に有利な形質が遺伝的に受け継がれていくことになったというわけである（ダーウィン [1859] 1990, 下巻 280-281）。ローゼンバーグの考えでは、こうした進化論が社会制度や慣習の存続や消滅を説明するために有効なメカニズムである。

　しかし、ローゼンバーグの議論に疑問を持つ読者もいるのではないかと思われる。なぜなら、ダーウィンの影響を受けているはずの社会生物学者や進化心理学者は、明確に方法論的個人主義を取っているからである。ところが、ローゼンバーグは方法論的集団主義への共感を示している。これが社会生物学や進化心理学とローゼンバーグの立場を分ける点である。ローゼンバーグの考えでは、方法論的個人主義は人を惑わすものでしかない（Rosenberg 2005, 16）。

　それでは、このような立場は還元主義と言えるだろうか。多重実現可能性テーゼに依拠して方法論的個人主義を退けていることからすると、還元主義とは言いがたいように思われる。ところが、ローゼンバーグは、体系学や古生物学から行動生物学に至る現代の生物学が分子生物学に資源をつぎ込んでいることを参考にしながら、行動科学や社会科学を含めた人間科学はこれまでよりも還元主義的にならなければならないと主張する。ここで想定されている還元主義は当然のことながら、人間科学の法則を物理学の法則に還元することや、遺伝子還元主義のようなものを意味しているわけではない。ローゼンバーグが還元主義によって意味するのは、人間科学において発見されるパターンには何らかのメカニズムが潜んでおり、そのメカニズムは自然選択に基づいていることである（Rosenberg 2005, 18-19）。その意味では、彼はまさに社会科学を無効化、あるいは消去しようとしていることになる。こうした立場を取るローゼンバーグが社会科学の哲学を代表する研究者の一人とみなされているのは、実に皮肉な話である。

5. ソーヤーの社会法則擁護論

　第3節と第4節においては、進化生物学の発展を背景にした還元主義的なアプローチを紹介してきた。ここからは話を元に戻して、多重実現可能性テーゼを元にした非還元主義的なアプローチを見ていくことにしよう。多重実現可能性テーゼに関する議論は社会科学の哲学においてもその応用可能性が検討されている（Zahle 2003）。しかし、主に議論されているのは、方法論的個人主義と方法論的集団主義の論争への応用可能性である。この章では社会科学の還元可能性を論じることが主題であるため、社会法則の観点から検討してみたい。ただ、方法論的個人主義と方法論的集団主義の論争を完全に避けることはできないため、注意しながら見ていくことにしよう。その際に参考となるのが、ソーヤーによる議論である。ソーヤーも方法論的個人主義と方法論的集団主義の対立にこれまで述べた議論を応用し、**非還元的個人主義**という立場を提唱してい

る。これは存在論的には個人の重要性を認めながらも、社会法則は個人に関する用語や法則に還元できないという立場である。言い換えると、ソーヤーは存在論的個人主義を取りつつ、方法論的集団主義を採用している。第1章4.1の議論からすると、ソーヤーが提示しているのは第四の立場と考えられる。

　ソーヤーは自説を提示するにあたって、フォーダーの選言による書き直しの議論を応用する。例えば、競争的なチームスポーツを考えてみよう。この用語は集合的な概念であり、個々のスポーツの用語で書き換えようとすれば、選言を用いて記述せざるをえない。その選言においては、地球上に今までに存在したチームスポーツだけでなく、これから存在するチームスポーツも含まれなければならない。既存のスポーツとしては、サッカー、ラグビー、野球、そしてクリケットなどが考えられるけれども、遠い未来には新たなスポーツが考案されるかもしれない。それは、競争的なチームスポーツだけでなく、教会を例にしたとしても同じである。このような考え方を元にして、社会学的法則「SならばT」のSとTを個人に関する架橋法則で置き換えてみる。例えばSを（I_1またはI_2または……I_n）という選言に、Tを（J_1またはJ_2または……J_n）という選言に置き換える。すると、社会学的法則「SならばT」は「（I_1またはI_2または……I_n）ならば（J_1またはJ_2または……J_n）」と書き換えられることになる。

　ソーヤーによれば、この考え方を受け入れることによってのみ方法論的個人主義は成立する。しかし、フォーダーが論じていたように、こうした書き換えを法則として受け入れるのは難しい。そうだとすれば、個人に還元できない社会法則を認めざるをえないことになる。このようにして、ソーヤーは存在論的には個人主義を取りつつも、方法論的には集団主義を擁護している（Sawyer 2002, 549-554）。

　このような議論に対して、存在論的には個人主義を取るのに社会法則を認めるのはおかしいと思う読者もいるかもしれない。社会的なものの存在を認めないのであれば、社会的なものは理論上の構成物にすぎず、現実に存在するものだけが因果関係を持つと思われるからである。これに対して、ソーヤーはフォーダーのように、個人レベルでの法則関係を退けながらも、社会レベルで

の法則関係が成立すると主張する。ソーヤーの主張を理解するには、彼自身が使っている、ヨットの例が役に立つだろう。ヨットには帆が備わっており、ヨットの動きは帆のエアロダイナミクスによって説明可能である。しかし、還元主義者はそれでは不十分だと考えるだろう。なぜなら、十全な物理的説明は帆を構成する分子や帆を抜ける空気の動きまで考慮に入れなければならないからである。しかし、帆に関するエアロダイナミクス上の法則が成立するのであれば、帆を構成する分子などの説明は必ずしも必要ではない。そうだとすれば、存在論的には個人主義を取らなければならないとしても、社会法則においては還元主義を取る必要性はないとソーヤーは論じる（Sawyer 2003, 203-213）。

これを自然科学と社会科学の関係という観点から考えてみると、ある社会現象を説明するために、社会科学に十分な理論的蓄積があるのだとしたら、自然科学にわざわざ置き換える必要があるのかということである。自然科学の知見に訴えかけなくても、社会科学の理論でうまく説明できるのだとしたら、その方が手っ取り早いのではないかというわけである（吉田 2013, 97-98）。

6. キンケイドの非還元主義

ソーヤーの議論とは歴史的には前後するものの、南アフリカのケープタウン大学を拠点とするハロルド・キンケイドも多重実現可能性テーゼを参考にしながら、非還元主義的な立場を提示している。キンケイドは自説を提示するにあたって、分子生物学も事例にしながら細胞生物学が生化学に還元できないことを論じている。しかし、分子生物学について詳しく説明するのは筆者の手に余るので、ここでは特に社会科学の哲学に関する論点に注目して彼の見解を見ていくことにしよう。

方法論的個人主義と還元主義の関係を検討しながら、還元主義が成立しえないことをキンケイドは論じる。還元がうまく行かない理由として、キンケイドは次の三点を挙げる。第一に、社会科学においては、ピアグループや革命などの社会的な述語があるけれども、こうしたものは様々な個々人、そして個々人

の心的状態や信念の異なる関係から成立しうるので、多重実現可能であるとキンケイドは主張する。これに対して、社会的な述語は確かに多重実現可能かもしれないけれども、個々人の心的状態を一つの種としてグループ分けすることができるので、還元は不可能ではないと還元主義者は論じるかもしれない。しかし、このようにグループ分けする際にも何らかの社会的な述語を用いることになるので、やはり還元は可能ではないとキンケイドは退ける。第二に、キンケイドによれば、個人の行為は文脈に応じて、様々な形で社会的に記述される。そこでは、何らかの社会制度に対して言及がなされている。そのため、個人の行為だけでは不十分であるとキンケイドは論じる。最後に、個人の行為を記述するのに使われる文脈は何らかの社会的役割に言及することがある。例えば、カトリック信者である、あるいは、教員であるなどがそれに当たる。これが何らかの社会制度の存在を前提することは言うまでもない。以上のように論じることで、キンケイドは還元主義を退けようとする（Kincaid 1997, 33-35）。

　キンケイドに対しては、先ほど述べた選言に関する議論を利用して、反論することができるかもしれない。それによると、選言内に全ての事例を挙げれば、社会的な述語を定義することができる。しかし、こうした反論がうまく行くように思われるのは見せかけにすぎないとキンケイドは批判する。なぜなら、こうした選言に含むことができるのは実際に起こった場合だけであり、事実に反する条件文の場合を扱うことができないからである。キンケイドは具体例として、「もしフランス革命が失敗していたとしても、それでもフランスにブルジョワ革命が起こっていただろう」という事実に反する条件文を挙げている。この条件文のブルジョワ革命を選言的に定義しようとすれば、「フランス革命、または、イギリス革命、または……」のように実際に起こったブルジョワ革命で定義することになる。そうすると、フランスにブルジョワ革命が起こったというためには、フランス革命が失敗しているので、フランスでイギリス革命、あるいはその他の革命が起こったことになる。したがって、選言を用いた還元でもうまく行かないとキンケイドは結論づける（Kincaid 1997, 37-38）。

　しかし、還元主義を退けても、キンケイドは集団主義を全面的に擁護するわ

けではない。確かに、マクロ経済学に見られるように、国家や企業などの社会的な対象にだけ言及した理論が個人に言及しなくても事象を説明することを彼は認める。しかし、彼は社会的な対象がそれ自体の生命力や第1章3.4で言及した独自の意識や表象、あるいは目的のような集団心を持つことを否定する。彼の考えでは、社会制度は個人とは別に存在するわけではない（Kincaid 1997, 144-145）。その意味では、彼の立場には個人主義的な側面も見られる。高次の現象の説明には不要な詳細情報を提供する低次の説明は無駄であると主張する論者に対しても、キンケイドは批判的である。彼はある患者がなぜ自分は死につつあるのかと医師に尋ねる例を挙げている。そのとき、医師はその患者の病の細胞学的な詳細に言及したとする。キンケイドの考えでは、これは十分な説明である。他の仕方でその患者が死につつある理由を説明できたとしても、医師の答えが説明になっていないわけではない。もちろん、多くの問いが低次の事実に言及することによって答えられるわけではない。しかし、全ての問いがそうであるわけではない。低次の事実が分かることによって、高次の特性がはっきりする場合もありうる（Kincaid 1997, 88-89）。つまり、個人主義的な理論は社会現象を完全には説明するわけではないかもしれないけれども、ある程度は説明することができるので、不要になるわけではない。なぜなら、社会的なレベルと個人的なレベルは非常に近く、私たちは社会的な対象についての知識をしばしば個人の行いから得るからである。このような事柄を考慮に入れると、十全な社会的説明のためには個人も含めたメカニズムについても言及する必要があることになる。つまり、キンケイドは「社会的な対象や構造の観点からの説明と個人を含めた基底的な過程の説明を組み合わせた」ハイブリッドな立場を提示していることになる（Kincaid 1997, 46-48）。

7. おわりに

ここまで、社会科学の還元可能性に関して、特に進化生物学の発展を元にした議論を中心に見てきた。まず、一つはっきり言えるのは、人間も生物である

以上、進化生物学の知見を無視するのは適切ではないことである。しかし、社会現象を説明するのに社会科学なしで済ませることは難しい。社会科学の主要な目的の一つが行為の意図せざる結果を説明することであるとすると、極端な還元主義ではないにせよ、心理学主義に陥っていると思われる進化心理学のような立場にも問題がある。そのため、社会生物学、進化心理学、そしてローゼンバーグの社会科学無効化論のように社会科学を軽視する立場は受け入れがたく、ウィルソンの統合的世界観には同意できない。その意味では、非還元主義的に社会法則を擁護しようとするソーヤーの立場には見るべきものがある。しかし、ソーヤーの場合には、存在論的には個人主義を取っており、これは主張としては強すぎるのではないかと思われる。そこからすると、還元主義や心理学主義に陥ることなく、社会制度や慣習の役割に注目しながら、行為の意図せざる結果を説明しようとする制度論的個人主義には可能性が残されている。一見したところでは、最後に紹介したキンケイドの立場は制度論的個人主義と親和的であるように思われる。実際に、キンケイドの合理性論を見てみると、その印象は強められる。

　還元可能性に関する章の末尾において合理性論について言及することは、唐突な印象を与えるかもしれない。しかし、社会の合理性が個人の合理性に還元できるのかという観点から考えると、合理性の問題は還元主義と無関係ではない。ここでキンケイドの合理性論を詳しく検討することはできないけれども、彼は合理性を社会的に捉えようとしている。彼の考えでは、行為者は社会的な状況に位置づけられており、その影響から自由であるわけではない。これは単純に個人が社会的な影響を受けていることにとどまるものではない。キンケイドによれば、共同体自体が合理的でありうる。しかし先ほど見たように、キンケイドは共同体に集団心のようなものを認めているわけではない。集団の信念は構成要員である個々人の信念とその関係から成り立っており、集団の合理性はそれを構成する個々人の行動の結果であると彼は主張する。その例として、キンケイドは航海を挙げる。航海中の船が目的地に到達するためには、乗組員は様々な仕事を行う必要があるけれども、その仕事の配分は色々な形でなされ

うる。つまり、多重実現可能である。さらに、それぞれの仕事を実行する乗組員たちは自分に課せられた仕事を行うものの、乗組員たちは仕事を習慣に基づいて行っている、あるいは全体のことを考えていないなどの理由で必ずしも合理的であるわけではない。それでも、船は目的地に到着する。つまり、集団の合理性は個々人の合理性に還元されるわけではない。こうした観点から、彼は個人の合理性そのものも社会的に説明する必要があると論じている（Kincaid 1997, 120-127）。このような考え方は全く違いがないわけではないものの、合理性を社会的に捉える必要があるという点ではジョセフ・アガシやイアン・ジャーヴィーが提示した合理性観に近い。ただ、同時にキンケイドの議論は集団主義の側面が強いようにも思われる。ソーヤーやキンケイドとの違いを明らかにしながら、非還元主義的な社会科学のあり方を追求していくことが今後の課題と言えるだろう。

読書案内

　科学哲学において還元の問題を論じる際にほぼ必ず言及されるのが、ナーゲル（［1961］1968-1969）『科学の構造』の第11章「理論の還元」である。また、還元可能性をめぐる議論で重要なのが多重実現可能性テーゼである。このテーゼについては、Putnam (1967) "Psychological Predicates" を参照されたい。ネーゲルやパトナムによって提示された考え方を個別科学、特に心理学の自律に応用したのが、Fodor (1974) "Special Sciences" である。フォーダーに対する批判としては、Kim (1992) "Multiple Realization and the Metaphysics of Reduction" がある。フォーダーとキムの論争を検討した筆者自身の論文としては、吉田（2019）「心理学の還元可能性について」がある。この章の第2節の記述はそこでの初歩的な誤りを修正し、より一般読者向けにしたものである。社会生物学と社会科学の関係については、ウィルソン（［1975］1999）『社会生物学』の第27章「ヒト」が参考になるけれども、『社会生物学』自体が大部でもあるので、ウィルソン（［1978］1997）『人間の本性について』やウィルソン（［1998］2002）『知の挑戦』の方が読みやすいだろう。進化心理学

者が提示した標準社会科学モデル（SSSM）については、Tooby and
Cosmides (1992) "The Psychological Foundations of Culture" とピンカー
（[2002] 2004）『人間の本性を考える』が参考になる。ウィルソンも『知
の挑戦』において SSSM を論じているので、そちらも参照されたい。また、
セーゲルストローレ（[2000] 2005）『社会生物学論争史』は『社会生物学』
出版後 25 年近くにわたり、様々な論者がどのような観点から社会生物学
を擁護、あるいは批判してきたかを社会学的に分析した労作である。ロー
ゼンバーグの社会科学無効化論については、Rosenberg (1980)
Sociobiology and the Preemption of Social Science を読む必要がある。しか
し、彼の考えはそれから 40 年近く変わっていないと思われるので、
Rosenberg ([1988] 2016) *Philosophy of Social Science* でも基本的な考え方
は理解できるはずである。ソーヤーの社会法則擁護論については、
Sawyer (2002) "Nonreductive Individualism. Part I" と Sawyer (2003)
"Nonreductive Individualism. Part II" を参照されたい。この章では論じる
ことができなかったけれども、ソーヤーが自分の考えを発展させて、社
会的創発について論じた著作として、Sawyer (2005) *Social Emergence* が
ある。キンケイドの非還元主義については、Kincaid (1997) *Individualism
and the Unity of Science* を参照されたい。キンケイドの立場を検討した論
文としては、太田（1999）「付随性と説明の十分性について」がある。

参考文献

浅野光紀（2017）「還元主義──心的性質と物的性質は同一なのか」『心
　　の哲学──新時代の心の科学をめぐる哲学の問い』、信原幸弘編著、
　　8-11、新曜社

伊勢田哲治（2003）『疑似科学と科学の哲学』、名古屋大学出版会

ウィルソン、E. O.（[1975] 1999）『社会生物学』合本版、伊藤嘉昭日本
　　語版監修、坂上昭一他訳、新思索社

ウィルソン、E. O.（[1978] 1997）『人間の本性について』、岸由二訳、筑
　　摩書房

ウィルソン、E. O.（[1998] 2002）『知の挑戦——科学的知性と文化的知性の統合』、山下篤子訳、角川書店

太田雅子（1999）「付随性と説明の十分性について」『科学哲学』32 (1): 45-54

セーゲルストローレ、U.（[2000] 2005）『社会生物学論争史——誰もが真理を擁護していた』全2巻、垂水雄二訳、みすず書房

ダーウィン、C.（[1859] 1990）『種の起原』全2巻、八杉龍一訳、岩波書店

中尾央（2015）『人間進化の科学哲学——行動・心・文化』、名古屋大学出版会

ナーゲル、E.（[1961] 1968-1969）『科学の構造』全3巻、勝田守一校閲、松野安男訳、明治図書出版

ハイエク、F. A.（[1952] 2011）『科学による反革命』、渡辺幹雄訳、春秋社

ピンカー、S.（[2002] 2004）『人間の本性を考える——心は「空白の石版」か』全3巻、山下篤子訳、NHK出版

ポパー、K. R.（[1945] 1980）『開かれた社会とその敵』全2巻、内田詔夫・小河原誠訳、未來社

マートン、R. K.（[1949] 1961）「顕在的機能と潜在的機能」『社会理論と社会構造』、森東吾・森好夫・金沢実・中島竜太郎訳、16-77、みすず書房

吉田敬（2013）「経済学と脳神経科学はどのような関係にあるのか——科学哲学の立場から」『経済学に脳と心は必要か？』、川越敏司編著、85-104、河出書房新社

吉田敬（2019）「心理学の還元可能性について——フォーダーとキムの論争を手がかりに」『福祉社会へのアプローチ——久塚純一先生古稀祝賀』、大曽根寛・森田慎二郎・金川めぐみ・小西啓文編著、下巻655-671、成文堂

ワトソン、J. B.（[1924] 2017）『行動主義の心理学』、安田一郎訳、ちとせプレス

Fodor, J. (1974) "Special Sciences (or: The Disunity of Science as a Working Hypothesis)." *Synthese* 28 (2): 97-115.

Fodor, J. (1998) "Look! Review of *Consilience*, by Edward O. Wilson." *London Review of Books* 20 (21). October 29. https://www.lrb.co.uk/the-paper/v20/n21/jerry-fodor/look (Accessed April 30, 2021).

Kim, J. (1992) "Multiple Realization and the Metaphysics of Reduction." *Philosophy and Phenomenological Research* 52 (1): 1–26.

Kincaid, H. (1997) *Individualism and the Unity of Science: Essays on Reduction, Explanation, and the Special Sciences.* Lanham, MD: Rowman & Littlefield.

Putnam, H. (1967) "Psychological Predicates." In *Art, Mind, and Religion: Proceedings of the 1965 Oberlin Colloquium in Philosophy*, edited by W. H. Capitan and D. D. Merrill, 37–48. Pittsburgh, PA: University of Pittsburgh Press.

Rosenberg, A. (1980) *Sociobiology and the Preemption of Social Science.* Baltimore, MD: Johns Hopkins University Press.

Rosenberg, A. ([1988] 2016) *Philosophy of Social Science.* 5th ed. Boulder, CO: Westview Press.

Rosenberg, A. (2005) "Lessons from Biology for Philosophy of the Human Sciences." *Philosophy of the Social Sciences* 35 (1): 3–19.

Rosenberg, A. (2017) "Functionalism." In *The Routledge Companion to Philosophy of Social Science*, edited by L. McIntyre and A. Rosenberg, 147–158. New York: Routledge.

Sawyer, R. K. (2002) "Nonreductive Individualism. Part I—Supervenience and Wild Disjunction." *Philosophy of the Social Sciences* 32 (4): 537–559.

Sawyer, R. K. (2003) "Nonreductive Individualism. Part II—Social Causation." *Philosophy of the Social Sciences* 33 (2): 203–224.

Sawyer, R. K. (2005) *Social Emergence: Societies as Complex Systems.* Cambridge, UK: Cambridge University Press.

Tooby, J., and L. Cosmides (1992) "The Psychological Foundations of Culture." In *The Adapted Mind: Evolutionary Psychology and the Generation of Culture*, edited by J. H. Barkow, L. Cosmides, and J. Tooby, 19–136. New York: Oxford University Press.

van Riel, R. and R. Van Gulick ([2014] 2019) "Scientific Reduction." In *Stanford Encyclopedia of Philosophy*, edited by E. N. Zalta. https://plato.stanford.edu/entries/scientific-reduction/ (Accessed April 30, 2021).

Wilson, E. O. (1998) "Resuming the Enlightenment Quest." *Wilson Quarterly* 22 (1): 16–27.

Yoshida, K. (2014) *Rationality and Cultural Interpretivism: A Critical Assessment of Failed Solutions*. Lanham, MD: Lexington Books.

Zahle, J. (2003) "The Individualism-Holism Debate on Intertheoretic Reduction and the Argument from Multiple Realizability." *Philosophy of the Social Sciences* 33 (1): 77–99.

終　章
この本はどこにたどり着いたのか

1. この本のまとめ

　この本では、六つの問いを検討する形で、社会科学の哲学を紹介してきた。この終章では、ここまでの議論を整理してみよう。

　序章では、社会科学の哲学とは社会科学に関する科学哲学であると述べ、それが社会哲学や社会科学方法論とどのように違うのかを説明した。次に、社会科学の哲学が研究対象とする社会科学は社会学、人類学、経済学、心理学、政治学、そして歴史学であり、法学や商学（経営学）は必ずしもその対象には含まれていないことを示した。さらに、社会科学は自然科学より科学として劣っているとみなされる傾向に対して、そこには数式を用いて形式的に表されなければ科学ではないというバイアスがあるのではないかと指摘した。また、社会科学と社会科学の哲学はそれぞれ違った役割を担っており、社会科学の研究を進める上で哲学的な考察が役に立つ場合がありうると論じた。

　第1章では、「社会科学は社会現象をどのように捉えようとするのか」という問いを手がかりに、方法論的個人主義と方法論的集団主義の対立を検討した。方法論的個人主義については、トーマス・ホッブズ、アダム・スミス、ジョン・スチュアート・ミル、マックス・ヴェーバー、フリードリヒ・ハイエク、そしてカール・ポパーなどの議論を紹介した。また、方法論的集団主義については、G・W・F・ヘーゲル、オーギュスト・コント、そしてエミール・デュルケームの立場を検討した。こうした検討の結果、両者の対立には方法論的集

208

団主義が社会を有機体とみなしていたことがあると論じた。現代においては、両者に代わる第三の立場が検討されており、その一例としてジョセフ・アガシの制度論的個人主義を紹介した。この制度論的個人主義は、人間本性の心理学的法則から社会現象を説明しようとする心理学主義的個人主義とは異なる。こうした制度論的個人主義を現代の社会科学における制度論を踏まえながら、発展させていくことが必要であると論じた。

第2章で検討した問いは「社会科学の方法と目的はどのようなものか」であり、この問いを通して自然主義と解釈主義の対立を検討した。自然主義については、その前身としてコントの実証主義と論理実証主義を紹介した後で、どうしてそれが現代の社会科学において有力な立場となったのかを論じた。その理由としては、社会科学を自然科学のように一人前の科学にしたいという社会科学者の願望、トーマス・クーンのパラダイム論の影響、そして社会生物学や進化心理学の登場があると考えられる。解釈主義については、ピーター・ウィンチ、チャールズ・テイラー、そしてクリフォード・ギアツの立場を紹介した。さらに、自然主義と解釈主義の対立の背景には自然と規約の二分法があり、そこで見過ごされている第三のカテゴリーとして行為の意図せざる結果があることを指摘した。この行為の意図せざる結果を説明するには自然主義も解釈主義も不十分であり、それらに代わる方法としてポパーの状況分析を提案した。

第3章では、「社会科学の理論は何のためにあるのか」という問いを通して、実在論と道具主義の論争を検討した。まず、一般科学哲学において、実在論と反実在論がどのように論じられてきたのかについて説明した。次に、反実在論の一種である道具主義が社会科学において用いられている例として、ミルトン・フリードマンの立場を紹介し、その観点から合理的経済人という仮定がどのように捉えられるのかを論じた。合理的経済人という仮定は標準的経済学において用いられてきたけれども、現実とは一致していないとしばしば批判されてきた。そうした状況に拍車をかけたのが、行動経済学や神経経済学のような新しい分野である。ただ、行動経済学者や神経経済学者も一枚岩ではなく、標準的経済学に融和的な者もいれば、標準的経済学に取って代わることを目指す

者もいて、いわば三つ巴の状況となっている。これは、社会科学の理論のあり
方についてそれぞれの立場が異なることを反映していると考えられる。

　第4章で論じたのは、「社会科学はものの見方の一つにすぎないのか」とい
う問いである。この問いを考察することを通して、普遍主義と文化相対主義の
対立について検討した。この対立は異文化の合理性をめぐる論争において顕在
化しているので、この章ではその問題に関する代表的な論争を三つ紹介した。
合理性論争、エリオット・テュリエルとリチャード・シュウィーダーの論争、
そしてマーシャル・サーリンズとガナナート・オベーセーカラの論争である。
扱われている地域や状況は異なるけれども、いずれの論争においてもそれぞれ
の文化には異なる合理性があるのかについて議論が行われてきた。さらに、メ
ルヴィル・ハースコヴィッツの文化相対主義に検討を加えた後で、ジェイム
ズ・レイチェルズとスチュアート・レイチェルズ父子の文化相対主義批判につ
いて論じた。こうした議論を踏まえた上で、文化の多様性を尊重しながら相互
批判を可能にするにはどうしたら良いのかという問題を検討し、その解決の手
がかりとして、イアン・ジャーヴィーとアガシによる合理性のレベル分けの考
え方を紹介した。

　第5章では、「社会科学において認識と価値はどのような関係にあるのか」
という問いを検討した。この問いを通して考察したのは、社会科学の客観性に
ついてである。まず、デイヴィッド・ヒュームとジョージ・エドワード・ムー
アの議論を確認した。次に、社会科学の客観性の問題は特にヴェーバーの価値
自由論との関連でしばしば論じられてきたので、ヴェーバーの見解を紹介し
た。その後、20世紀半ばの英語圏の社会科学の哲学における価値自由論とし
て、アーネスト・ネーゲルとテイラーの議論を検討した。ネーゲルは価値自由
を擁護し、テイラーはそれを批判しており、興味深い対比を示している。さら
に、価値自由論はそもそも政治的・社会的文脈で提示されてきたのだから、現
代の文脈に応じて捉え直すべきであるというスティーヴ・フラーの議論を考察
した。そして、現代における価値自由論の例として、サンドラ・ハーディング、
アリソン・ワイリー、そしてシャロン・クラスノウの議論を紹介した。

　第6章の問いは、「社会科学と自然科学の関係はどのようなものか」だった。この問いによって考察したのは、社会科学の自然科学への還元可能性である。まず、心理学の物理学への還元可能性に関する論争を検討した。そこでは、ネーゲルの理論間還元、ヒラリー・パトナムの多重実現可能性テーゼ、そしてそれらに基づいたジェリー・フォーダーの個別科学擁護とそれに対するジェグォン・キムの批判を紹介した。次に、若干の立場の違いはあるものの、社会科学を生物学に還元しようとする社会生物学やそこから派生した進化心理学がどのような議論を行っているのかを論じた。さらに、特に社会生物学の影響に基づき、独自の社会科学無効化論を提示したアレクサンダー・ローゼンバーグの議論を検討した。こうした還元主義的な傾向を持つ立場に対して、多重実現可能性テーゼに依拠しつつ、社会法則の必要性を擁護したのが、キース・ソーヤーである。歴史的には前後するものの、ソーヤーの次に検討したのが、ハロルド・キンケイドの非還元主義である。ローゼンバーグ、ソーヤー、そしてキンケイドの議論はいずれも還元主義の問題を論じながらも、第1章で扱っている方法論的個人主義と方法論的集団主義の対立にも非常に強い関連性を示している。そこから、制度論的個人主義とこれらの立場がどのように違うのかを明確にし、非還元主義的な社会科学のあり方を検討していくことが重要な課題として浮かび上がってきた。

2. この本が提示した見解と今後の展望

　この本においては入門書ということもあり、筆者は必ずしも積極的には自らの立場を主張してこなかった。もし自らの立場を積極的に主張するつもりであれば、この本の構成はかなり違っていたことだろう。もちろん、筆者には自分の見解を隠すつもりはない。その意味では、筆者の考えは第5章第4節で紹介したヴェーバーのものに近い。ただ多少自己抑制的になってしまったことは否定できない。それでも、読者にも筆者がそれぞれの問題について、どのような見解を持っているかは見て取れたはずである。

　読者の参考までに、この本で筆者が提示した見解を整理しておきたい。筆者は制度論的個人主義の観点から社会現象を説明することを重視している。制度論的個人主義においては、社会制度を人間の行為を外在的に制約するものとしてその存在を認めながらも、方法論的には個人主義が取られている。こうした観点から社会制度における人間の行為を説明するために、状況分析をモデルとして利用することができると考えている。さらに、社会科学の理論は予測や説明のための単なる道具ではなく、客観的真理を探求するためのものと考え、実在論を支持している。この実在論的な観点から、社会科学の理論を絶えずふるいにかけて、より良い理論に改善していく態度が重要である。この実在論的な立場は文化相対主義の問題についても反映されている。社会科学の理論を常により良いものに改善していくために、私たちは自分のお気に入りの理論を絶対視せずに、客観的真理を探求するための仮説と捉えるべきである。その意味で、私たちは自分の理論に対して批判的である必要があるのはもちろんのこと、他人の理論に対しても批判的でなければならない。しかし、それは決して両者を貶めるためのものではない。自己批判や相互批判を重視するのは、ひとえに客観的真理を目指してのことである。そのようなあり方を支持する基盤として、合理性のレベル分けを位置づけることができる。お互いの理論を客観的真理を探求するための仮説とみなす考え方は、社会科学の客観性に関する問題にも共通する。社会科学者のバイアスは研究に入り込んでおり、それを根絶することは不可能である。自己批判や相互批判が求められるのは、まさしくそのためである。その意味では、社会科学の理論は普遍的でも客観的でもないかもしれないけれども、それを目指して絶えず改善されなければならないのである。最後に、社会科学と自然科学の関係については、筆者は方法の単一性を認めるものの、社会科学が自然科学に還元されるとは考えない。それは、社会科学の主要な目的の一つが行為の意図せざる結果を説明することだからである。もちろん、遠い未来に自然科学にそうしたことができるようになる可能性まで否定するつもりはない。ただ、仮にそれが可能になったとしても、そうする必要があるのかという問題もある。既に社会科学が行為の意図せざる結果をうまく説明

しているとしたら、それをわざわざ自然科学と置き換えなければならない理由はどこにあるのかが問題となる（吉田 2013, 97-98）。

　今後の展望としては、いくつか考えている。まず、制度論的個人主義を現代の制度論を踏まえて、さらに発展させることである。ポパーは社会制度について論じているものの、その定義はかなり大雑把なので、現代の制度論の議論を踏まえて、発展させる必要がある。また、それとの関連で、ソーヤーやキンケイドとの立場の違いを明確にしていく作業が必要であり、それを通して非還元主義的な社会科学の可能性をさらに検討していきたいと考えている。

　以上が筆者の見解と今後の展望になる。結局のところ筆者が提示したのはポパーの批判的合理主義ではないかと思われた読者もいるだろう。確かに、その通りであることは否定できない。ただ、筆者としては、批判的合理主義を様々な立場を上から評価するための理論や立場としてではなく、様々な立場の良い点と悪い点を評価するための一般的な態度として捉えたいと考えている。つまり、様々な立場を批判的な観点から考察した場合に、何が明らかになるかを検討するのが筆者の意図だった（Yoshida 2014, 7-8）。そのため、この本において筆者は批判的合理主義を擁護することを目指していたわけではなかった。自分の見解を示したのは、先ほども述べたようにそれを隠して中立を装うのは適切ではないという考えに基づいている。もちろん、筆者が意図通りのことをできていないという批判はありうるし、仮にできていたとしても、読者はこの本で提示した見解を受け入れられないかもしれない。ただ、読者が筆者の見解を受け入れられないとしても、この本で扱われた問題をさらに検討することを促せたとしたら、筆者はこの本を執筆した目的を果たしたことになる。この本で提示された見解をそのまま鵜呑みにするのではなく、さらに考察を深めるための手がかりとしてもらいたい。より多くの読者が社会科学の哲学の研究を志してくれること、それだけが筆者の願いである。

参考文献

吉田敬（2013）「経済学と脳神経科学はどのような関係にあるのか──科学哲学の立場から」『経済学に脳と心は必要か？』、川越敏司編著、85-104、河出書房新社

Yoshida, K. (2014) *Rationality and Cultural Interpretivism: A Critical Assessment of Failed Solutions.* Lanham, MD: Lexington Books.

あとがき

　ついにあとがきを書くところまでたどり着いた。それが、筆者の率直な気持ちである。この本を執筆するきっかけは、勁草書房編集部にいらっしゃった渡邊光さんから、社会科学の哲学に関する本を出版しませんかとご連絡を頂いたことである。2014年1月8日にメールを頂き、当時勤務していた東京大学駒場キャンパスでお会いしたのが1月30日だったので、七年半もかかってしまったことになる。正直なところ、書き終えられないのではないか、あるいはどうして書くことにしたのかと思ったことも一度や二度ではない。

　これほどの時間がかかってしまったのは、勤務先での仕事などに追われていたこともあるけれども、筆者の能力のなさと見通しの甘さであることは否定できない。特に、見通しの甘さは大きな問題だった。材料もそれなりにあるので、執筆にはそれほど時間はかからないだろうと筆者は考えていた。ところが、専門書や論文の執筆経験はあっても、入門書を執筆したことのない筆者は入門書執筆の難しさをまったく理解していなかった。

　元々は日本でよく見られる入門書と同じく、説明は簡明に、引用は極力控え、そして出典表記も行わないという方針で執筆を開始した。この方針の最大の問題点は、書籍にするための字数が稼げないことである。多少説明が冗長であっても、あるいは引用が多めであっても、専門書であれば許容されうる。しかし、入門書の場合にはそうではない。言うなれば、ゲーム初心者が自分の能力もわきまえずに、難度を非常に高く設定してゲームを始めてしまったことになる。その結果、字数を増やすために大量の文献を、しかも主に英語で読まなければならなくなってしまった。このことは筆者が自分の視野と知識を広げ、この本に内容的な厚みを加えるという点では大いに役立った。しかし、執筆に七年半もかかるのは言語道断としか言いようがない。あとがき冒頭で経緯を明らかにするのは、渡邊さんへのお詫びの気持ちと深い反省を表すためである。この本が渡邊さんのお力添えとご期待にかなうものであり、かけた月日にふさわしい

できであることを心から願っている。筆者は他人の著作のあとがきで時間がかかったことを詫びる文章を目にするたびに、締め切りを守れないとは仕方のない人たちだと思っていたけれども、まさか自分がその文章を書くことになろうとは想像もしていなかった。自分の不明を恥ずかしく思う。このあとがきを読んで、呆れかえっている研究者の皆さんには、筆者のようなことにならないようにくれぐれも注意していただきたい。

　さて、上記の方針の中で、説明と引用については方針を変えなかったけれども、かなり執筆が進んだ後で方針を大きく変更したのが、出典表記である。日本の多くの入門書では、出典表記を行わず、巻末に参考文献や読書案内を挙げる形式が定着していると思われる。それは研究において求められる厳密な出典表記が初学者の理解の妨げになるという配慮があってのことだろう。筆者も当初はそう考えていたけれども、学生の多くが手にする入門書において、出典表記の見本を示すことが論文やレポートの書き方を習得してもらうためには必要ではないかと思うようになった。専門書であれば、外国語文献も翻訳を挙げるだけではなく、原書の出典などを明記しなければならない。しかし、この本ではそうせずに、初版刊行年と思われる年を［　］内に記すだけにとどめた。初学者への配慮と学問的な厳密さの折り合いをつけた結果と理解していただきたい。方針を変更して折り合いをつけた結果、様々な意味で中途半端になっていないことをひたすら願っている。また、外国人著者の中には、ヴェーバー（ウェーバー、あるいはヴェーバァ）、ムーア（ムア）、ネーゲル（ナーゲル）、ギアツ（ギアーツ）、あるいはジャーヴィー（ジャービィー）など名前の表記が異なる者がいる。この本ではより一般的と思われる表記にしている。

　さらに、初学者への配慮としては、重要語句をゴシック体にしたり、巻末ではなく各章末に読書案内と参考文献を挙げるなどの工夫も行っている。こうした点については、渡邊さんの後を引き継がれた伊従文さんのご提案にしたがっている。その他にもUDフォントの使用など、伊従さんにはご快諾いただいた。ここに記して、お礼申し上げたい。それから、それぞれの研究者にはできる限り生没年や所属などの情報を記載して、読者が多少なりとも人物像を把握でき

るように試みた。こうした様々な工夫が初学者の理解に資することを期待している。情報の少ない研究者の生没年を調べるにあたっては、アメリカ議会図書館人名典拠ファイル（https://id.loc.gov/authorities/names.html）やOnline Computer Library Centerによるバーチャル国際典拠ファイル（https://viaf.org/）が役に立った。

　この本を執筆していた七年半の間には、筆者の周囲でも様々な変化があった。この本の企画が正式に承認されてまもなく、現在勤務している早稲田大学社会科学総合学術院に専任講師として採用が決まり、非常に素晴らしい環境で教育と研究に従事する幸運に恵まれた。そして、2018年からはアジア在住の研究者とともに、社会科学の哲学アジアネットワーク（ANPOSS）を創設し、その過程でアジア各地の研究者と交流する機会を得ることができた。さらに、2021年3月には北米の社会科学の哲学円卓会議（POSS-RT）、そしてヨーロッパを拠点とする、社会科学の哲学ヨーロッパネットワーク（ENPOSS）と三団体共催で一橋大学経済研究所（オンライン）において国際会議を開催し、無事成功に終わった。ANPOSSについてはhttps://anposs.com/ を、国際会議についてはhttps://www.ier.hit-u.ac.jp/rcne/English/seminar/2020/09/intconf2103.htmlを、それぞれご覧いただきたい。既に、北米、ヨーロッパ、そしてアジアにおいては、社会科学の哲学に関するローカルなネットワークが形成されており、現在はアフリカと南米でも同種のネットワーク創設が計画されている。このように、元々は英語圏を中心として研究が進められてきた社会科学の哲学は国際的にも大きな広がりを見せている。2021年3月の国際会議には想像以上に多くの参加申込みがあったけれども、イギリス以外のヨーロッパの研究者がかなりの割合を占めており、もはや「英語圏で研究が進められている」ではなく「英語で研究が進められている」と形容するしかない状況になりつつある。このように、分野が国際的に発展していく中で、2019年1月からは学術誌『社会科学の哲学』の編者の一人になってしまった。七年半前には、こうした状況の変化を考えもしなかったことは言うまでもない。

　社会科学の哲学が国際的に発展し、論じられる問題も広がっていく中で、入

門書を書くのは、筆者にとってはかなり難しい挑戦だった。この本において言及された分野を思いつくままに並べてみると、科学哲学、社会学、人類学、経済学、心理学、政治学、（思想史も含めた）歴史学、脳神経科学、そして生物学と極めて多岐にわたる。社会科学の哲学の研究を志して、25年近く学んできたこと全てをこの本につぎ込んだつもりである。もちろん、全ての分野を専門とすることはできない以上、何らかの誤りや思い違いが含まれている可能性は否定できない。また、現象学、解釈学、そして批判理論などについてはほとんど論じることができなかった。ただ、こうした流れは社会科学の哲学においては必ずしも中心的ではないし、既に十分に日本に紹介されているので、筆者の稚拙な紹介よりもそちらを読んでいただいた方が良いだろう。さらに、この本で扱われている論者や論点についても、無数に書籍や論文が存在しており、過不足なく扱うことができたとはとても言えない。そのため、様々な専門家の中には、この本に不満を持つ方がいるだろう。専門家の一人として、こうした不満は理解できる。しかし、哲学を学ぶ者としては、元々の言葉が意味するように、知を愛する者、あるいはアマチュアでありたいと思っている。そうした思いに基づき、それぞれの専門に対して敬意を払いながら研究を進めていくことが、社会科学の哲学のような学際的な学問には必要ではないかと思われる。

　多くの方々の助けなしには、この本を書き終えることはできなかった。まずお礼を申し上げなくてはならないのは、編集を担当してくださった渡邊さんと伊従さんのお二人である。渡邊さんには企画の立ち上げから途中まで大変お世話になった。こちらの不手際でゴールまでご一緒できなかったことを大変申し訳なく思っている。後任の伊従さんにも、先にも述べたように色々とお力添えいただいた。また、伊従さんから草稿に頂いた詳細なコメントはこの本の改善に非常に有益だった。この本が少しでも読みやすくなっているとしたら、それは伊従さんのおかげである。

　それから、イアン・ジャーヴィー先生と小林康夫先生にも心から感謝申し上げたい。ジャーヴィー先生には、社会科学の哲学を学ぶために留学してから長年にわたり丁寧に教えていただいただけでなく、この本の企画段階においても

ご相談に乗っていただいた。この本の各章は、社会科学に関係する具体例や発言から哲学的な問題を取り出し、その問題についてどのような立場が取られてきたかを紹介するという構成をしている。これはジャーヴィー先生の助言を筆者なりにアレンジしたものである。

　小林康夫先生には特にご助言を頂いたわけではないけれども、七年半前にこの本の執筆を計画した理由の一つには小林先生との会話がある。そもそも前著 *Rationality and Cultural Interpretivism* を執筆したのは、小林先生から「本を出しなさい。出しなさい」とせっつかれたことにある。あまりに頻繁に言われるので、前著の出版を計画し、出版社との契約にこぎつけ、執筆を進めていた。これで色々言われることもないだろうと安心していたところ、いつの頃かは忘れてしまったけれども、東京メトロ渋谷駅のプラットホームで「僕は吉田くんに日本語で本を出してもらいたかったんだよな」と小林先生が仰ったことは今でも覚えている。その意味では、出し忘れていた宿題をようやく出せたような気持ちであり、小林先生からこれ以上の宿題が出ないことを願っている。

　さらに、早稲田大学社会科学総合学術院の先生方と職員の皆さんに心からお礼申し上げたい。とりわけ、職員の皆さんの様々なご支援なしには、この本を書き上げることはできなかった。この本は2015年度から2018年度まで、そして2020年度から2021年度春学期まで社会科学部において開講してきた「社会科学方法論A・B」に基づいている。授業に参加し、耳を傾けてくださった学生の皆さんにもお礼申し上げたい。特に、新型コロナウィルスのためオンラインで開講せざるをえなかった2020年度の講義を履修し、質問を寄せてくださった学生の皆さんには深く感謝している。また、授業を開講しなかった2019年度は早稲田大学大型研究等特別支援プログラムの支援対象者として代講を依頼し、この本の執筆に集中することが可能となった。一年限りの非常勤講師という不躾なお願いにもかかわらず、代講をお引き受けくださった高島和哉先生と大賀祐樹先生、そして関係各位には心から感謝申し上げたい。なお、この本は早稲田大学特定課題研究助成費（課題番号：2015B-367、2015S-114、2016K-261、2019R-048、2020R-046）による研究成果の一部である。

　この本の内容の一部は、東京、タンパ、嘉義、太原、そしてリヨンと様々な場所で発表された。頂いたコメント全てにお答えすることはできていないけれども、聴衆の皆さんにもお礼を申し上げたい。

　それから、お忙しいところ再校ゲラをお読みの上、推薦文とコメントをお寄せくださった伊勢田哲治先生にも感謝申し上げる。特に、パラダイム論、実在論と反実在論の論争、そして自然主義的誤謬に関するご教示は大変参考になった。時間に制約のある中でできる限りの修正を行ったけれども、不十分でないことを願っている。

　最後に、哲学を研究するという筆者の選択を不承不承受け入れてくれた両親に感謝している。前著は英語だったため、こうして日本語で読めるものが一冊書けたことを嬉しく思う。

　序章や終章でも記したけれども、この本を手がかりにして、より多くの人が社会科学の哲学に関する研究を行い、国際的な議論に参加してくれることを切に願っている。この本の賞味期限がいつなのかは分からないけれども、それが切れる頃までにはより優れた入門書が後進の手によって書かれることを期待して、このあとがきを締めくくることにしたい。

　2021年7月

吉　田　　敬

索　引

著者略歴
1972年　神奈川県生まれ
2005年　カナダ・ヨーク大学大学院哲学専攻博士課程修了
　　　　Ph.D.
現　在　早稲田大学社会科学総合学術院教授
著　書　*Rationality and Cultural Interpretivism: A Critical
　　　　Assessment of Failed Solutions*（単著、Lexington
　　　　Books、2014）
　　　　*The Impact of Critical Rationalism: Expanding the
　　　　Popperian Legacy through the Works of Ian C. Jarvie*
　　　　（分担執筆、Palgrave Macmillan、2019）
　　　　The Wiley Blackwell Encyclopedia of Social Theory
　　　　（分担執筆、Wiley Blackwell、2018）など

社会科学の哲学入門

2021年 8 月25日　第 1 版第 1 刷発行
2022年 5 月25日　第 1 版第 5 刷発行

著　者　吉　田　　　敬

発行者　井　村　寿　人

発行所　株式会社　勁　草　書　房

112-0005 東京都文京区水道 2-1-1　振替 00150-2-175253
（編集）電話 03-3815-5277／FAX 03-3814-6968
（営業）電話 03-3814-6861／FAX 03-3814-6854
堀内印刷所・中永製本

https://www.keisoshobo.co.jp

保城広至

歴史から理論を創造する方法
社会科学と歴史学を統合する

A5判　2,200円
30240-6

ジョン・R・サール／三谷武司 訳

社 会 的 世 界 の 制 作

四六判　4,290円
15455-5

植原　亮

自 然 主 義 入 門
知識・道徳・人間本性をめぐる現代哲学ツアー

四六判　3,080円
15448-7

エリオット・ソーバー／森元良太 訳

オ ッ カ ム の か み そ り
最節約性と統計学の哲学

A5判　4,950円
10294-5

網谷祐一

種を語ること、定義すること
種問題の科学哲学

A5判　3,520円
10288-4

　勁草書房刊

＊表示価格は2022年5月現在．消費税10％が含まれています．